RÉGIONALE AU QUÉBEC

LA CUISINE RÉGIONALE AU QUÉBEC

ÉDITIONS
ULYSSE
Le plaisir... de mieux voyager

Direction de projet
Richard Trottier
(La cuisine régionale au Québec)
Claude Morneau
Pascale Couture
(Éd. Ulysse)

Mise en pages
Judith Lefebvre

Correcteur
Pierre Daveluy
Pierre Corbeil

Cartographe et infographe
André Duchesne
Adjoint
Patrick Thivierge

Directeur artistique
Patrick Farei - Atoll Dir.

Illustratrices
Myriam Gagné
Lorette Pierson
Marie-Annick Viatour
Sandrine Delbaen

Photographes
Page couverture
Pierre Arpin

Remerciements : Sylvie Moreau, Clément Lalancette, Scriptum Communication, Félix Lepage, Pierre Daveluy, Isabelle Lalonde, Christian Roy, Alain Legault.

DISTRIBUTION

Canada : Distribution Ulysse, 4176, St-Denis, Montréal (Québec) H2W 2M5, ☎(514) 843-9882, poste 2232, ☎800-748-9171, fax : (514) 843-9448; www.ulysse.ca; guiduly@ulysse.ca

États-Unis : Distribooks, 8120 N. Ridgeway, Skokie, IL 60076-2911, ☎(847) 676-1596, fax : (847) 676-1195

Belgique-Luxembourg : Vander, 321, avenue des Volontaires, B-1150 Bruxelles, ☎(02) 762 98 04, fax : (02) 762 06 62

France : Vilo, 25, rue Ginoux, 75737 Paris Cedex 15, ☎01 45 77 08 05, fax : 01 45 79 97 15

Espagne : Altaïr, Balmes 69, E-08007 Barcelona, ☎ (3) 323-3062, fax : (3) 451-2559

Italie : Centro cartografico Del Riccio, Via di Soffiano 164/A, 50143 Firenze, ☎(055) 71 33 33, fax : (055) 71 63 50

Suisse : Diffusion Payot SA, p.a. OLF S.A., case postale 1061, CH-1701 Fribourg, ☎(26) 467 51 11, fax : (26) 467 54 66

Pour tout autre pays, contactez Distribution Ulysse (Montréal).

Données de catalogage avant publication (Canada).

Vedette principale au titre :

La Cuisine régionale au Québec

ISBN 289464187-7

1. Cuisine régionale au Québec (Association) - Répertiores. 2. Restaurants - Québec (Province) - Répertoires. 3. Services alimentaires - Québec (Province) - Répertoires. 4. Cuisine québécoise.
TX907.5.C22Q8 1999 647.95714 C99-9406787

Bibliothèque nationale du Québec
Dépôt légal - Deuxième trimestre 1999

IMPRIMÉ AU CANADA

SOMMAIRE

PRÉFACE

Il était une fois... des Français, notamment de la Normandie-de-l'Aulnes, du Poitou, de la Saintonge et de la Bretagne qui, poussés par le vent Colbert, Richelieu et les grands rêves de colonisation, vinrent s'établir sur le bord du fleuve Saint-Laurent, sur la côte de «Beau Pré», terre giboyeuse qui donnait tous les prémices d'abondance.

Enivrés d'espoir, ils découvrent «l'île de Bacchus» (l'île d'Orléans), où le dieu de la vigne et du boire avait sûrement élu domicile.

Fiers de leurs origines, ils apportent dans leurs maigres bagages toutes leurs traditions culinaires, leurs recettes régionales, mais ce pays neuf les oblige à conjuguer leur savoir avec les produits du pays, la rigueur de l'hiver et l'oubli de la France, qui envoie par bateau plus de missionnaires que d'approvisionnements.

Ils s'adonnent vite à la chasse au caribou et au chevreuil, et ils suivent les grandes migrations d'oiseaux du bout de leur fusil : l'outarde, dont les volées immenses passent au printemps et à l'automne au-dessus des îles de Montmagny; l'oie blanche, qui s'arrête au Cap Tourmente et à l'île aux Grues; la perdrix, qui abonde dans les forêts s'étendant de chaque côté du Saguenay.

Par quelques tribus amérindiennes avec lesquelles ils font alliance, ils apprennent comment faire la culture du maïs, de l'haricot et de la courge, comment entailler les érables au printemps, comment effectuer la cueillette des «têtes de violon», de l'ail des bois, et bien d'autres rudiments.

Les premiers explorateurs qui partirent vers les Grands Lacs rapportèrent un riz noir qui poussait en bordure de l'eau, un riz insolite aux longs grains, fruit d'une graminée aquatique qui libère à la cuisson une délicate saveur de noisette.

Les Français, grands morutiers sur les bancs de Terre-Neuve, ont su rapidement mettre sur la table la richesse des eaux : l'achigan des environs de Montréal, le doré de la Mauricie, l'éperlan du Bas-du-Fleuve, le saumon et le homard de la Gaspésie, sans compter le bar, le barbue, l'esturgeon, la perchaude, la truite mouchetée des rivières ...

Il n'y a rien de plus typique que de voir, en février, la pêche sous la glace alors quel cette dernière a pris l'épaisseur sécuritaire de chaque côté du fleuve. On y apporte sa cabane pour se protéger du vent, on perce un trou, on jette sa ligne et on attend ... le petit poisson des chenaux. Argenté, minuscule, il est tout de suite roulé dans la farine et poêlé au beurre sans apprêts, sans attente.

Sur la côte gaspésienne et aux îles de la Madeleine, c'est le homard qui embaume les cuisines quand les pêcheurs sortent les nasses au tout début de l'été, ces petits casiers de bois et de filet avec lesquels ils attrapent ces crustacés qui, plongés dans le court-bouillon, revêtiront leur cappa de cardinal. Il y a aussi les bigorneaux, les coques, les huîtres, les palourdes, les crevettes.

Et, quand les habitants alignent leurs tréteaux sur la grève pour faire sécher la morue, c'est la mer tout entière qui vient vous chatouiller l'odorat.

Le porc demeure le roi incontesté de la cuisine,transformé en tourtière, en boulettes, en charcuteries. Soulignons les cretons de Montréal, faits uniquement de panne, et ceux de Québec, qui ressemblent davantage aux rillettes normandes. Les habitants utilisaient n'importe quelle partie du porc, souvent même pas «découenné», ce qui avait pour effet de colorer en jaune pommes de terre et autres légumes blancs. Le gras de cuisson n'était qu'un simple morceau de lard salé fondu, qui avait aussi pour avantage d'apporter un parfum bien particulier. Le beurre était utilisé à cru pour tartiner les épaisses tranches de pain de ménage ou pour arroser le poisson.

Jusqu'à l'entre-deux guerres, le cultivateur mangeait peu de légumes. Quant aux fruits, à part la pomme, la citrouille et le physalis, on composait avec les baies sauvages des bois et des tourbières. Le temps de la récolte des petits fruits rouges et noirs était jours de fête et les enfants se barbouillaient de fruits mûrs avant que maman ne les utilise pour truffer les gâteaux, les poudings, ou ne les réduisent en confiture pour sucrer les longs mois d'hiver.

Les ursulines de Québec, très jalouses de leur jardin, répandent le goût pour les herbes aromatiques, notamment pour la ciboulette et la sarriette, à toutes les jeunes filles qui viennent suivre leur enseignement.

Au XVIIe siècle arrivent les immigrants écossais et irlandais, et la cuisine québécoise s'enrichit d'apports nouveaux, notamment de la culture de l'avoine, mais elle demeure simple, paysanne et substantielle, régie par deux principes fondamentaux : une préparation courte et un temps de cuisson long pour permettre à la cuisinière de travailler au jardin, aux champs et à la maison sans une surveillance constante des fourneaux.

Le Régime anglais apporte le thé, le parfum de la cannelle et de la muscade, originaires des comptoirs britanniques de Chine, la pomme de terre blanche et la pomme de terre rouge rapportées d'Amérique du Sud avec la tomate, ainsi que la mélasse, importée en grande quantité des colonies antillaises.

Au XIXe siècle, arrive le temps de la colonisation et de la coupe du bois. La «cuisine de chantier», conçue pour de robustes gaillards maniant la hache et le godendart au grand air, est riche et abondante. Nous devons aux bûcherons américains venus travailler dans la région des Bois-Francs l'introduction des célèbres «fèves au lard», dont la recette nous vient directement de Boston – Boston Pork and Beans – et qui devint rapidement un classique de chez nous.

Ces bûcherons s'installèrent principalement dans les Cantons-de-l'Est en apportant un parfum anglais. En terre hostile mais conquise, ils ne dérogèrent pas de leurs habitudes : agneau servi avec de la gelée de menthe, gâteau aux fruits et plum-pudding au temps des fêtes, alors que la Québécoise enfournait dinde farcie et tourtière, alignait les desserts à l'érable et les tartes aux fruits sur son poêle à bois.

Mais la cuisine québécoise n'est pas une entité. Elle a ses particularités. Ainsi, la Gaspésie, pays de pêcheurs, prend des airs de mer. Dans Charlevoix et au Lac– Saint-Jean, les bleuets, la soupe à la gourgane, la ouananiche, le célèbre cipaille et le gibier trônent toujours au menu. Dans les Laurentides et la Mauricie, c'est la pêche en rivière et la table des bois : fruits sauvages, perdrix, champignons, «têtes de violon». Et que dire de la gibelotte des îles de Sorel, de la gargotte de barbue de l'Outaouais, des pâtés croches de l'île aux Coudres ...

Je me rappelle que mon arrière-grand-père, qui savait me raconter de si merveilleuses histoires, se levait à 4 heures du matin pour «faire le train», traire les vaches avant de venir engloutir cretons, crêpes, galettes dans le sirop, lard rissolé, saucisses, fèves au lard et bien d'autres choses. Puis il repartait travailler aux champs, creuser les sillons, aérer la terre, attacher les plants et, lorsque sonnait l'angélus, il reprenait des forces : soupe au pois, bœuf à la mode, boulettes de porc, ragoût de pattes de cochon, tourtière.

Le soir, on se couchait tôt après un repas frugal. Au lever, il mangeait un grand bol de gruau sur lequel il versait une couche de crème jaune si épaisse qu'il fallait l'étendre au couteau. Ensuite, il prenait le pain de sucre du pays et le râpait dessus. Parfois, il ajoutait une bonne cuillerée de confiture avec de gros fruits rouges encore entiers.

Je vous parle d'une cuisine d'il y a longtemps... mais la cuisine régionale d'aujourd'hui puise ses racines dans les semences d'hier, dont le fruit est réinventé à la dimension d'un monde nouveau, sans frontière de goût et d'alliances, créant des harmonies nouvelles afin de redécouvrir sous d'autres parures les produits du terroir.

Quand vient le printemps et que l'agneau de Charlevoix et de l'île Verte commence à brouter les prés salés, que les fleurs des vergers tendent leurs corolles vers le ciel de la Montérégie enivrant le réveil des abeilles, et qu'on commence à cueillir les fines herbes, la ciboulette, les légumes nouveaux, on sent une grande bouffée de fraîcheur envahir les cuisines, les saveurs explosent et sortent de leur manchon d'hiver.

Toujours un brin de folie souffle entre casseroles et marmites : le canard du Lac Brome se marie avec la poire, les pommes de Saint-Hilaire avec l'oignon, les caviars de corégone ou d'esturgeon d'Abitibi avec l'avocat et les agrumes.

Au menu d'automne, les gibiers reprennent du panache, en venaison de gelée de sapin; le daim de St-Aimé-des-Lacs se parfume au caramel d'épices, le chevreuil aux bleuets, le caribou au sirop d'érable. En catimini, les sauces prennent un petit coup de cidre.

Mais à l'hiver, on reprend les traditions de nos grands-mères avec une pincée d'hier et un soupçon de demain, les marmites grossissent avec quelques notes de soleil et d'épices chaudes pour envelopper notre quotidien. La cuisine d'antan revient sur la table, le temps d'une gigue pour le temps des fêtes. Elle se mitonne en famille et apporte une touche de folklore lorsque a lieu une fête de village.

Le Québec est magnifique. On le découvre lentement, au rythme des saisons, au hasard de la table, où les cuisiniers sont tous un peu poètes, les producteurs tous un peu artistes, - jonglant avec les fruits d'une terre qui nous est chère.

Michèle Serre
Présidente de Presse internationale MSCOMM
Éditeur du plus grand site gastronomique de langue française au monde
http ://saveurs.sympatico.ca

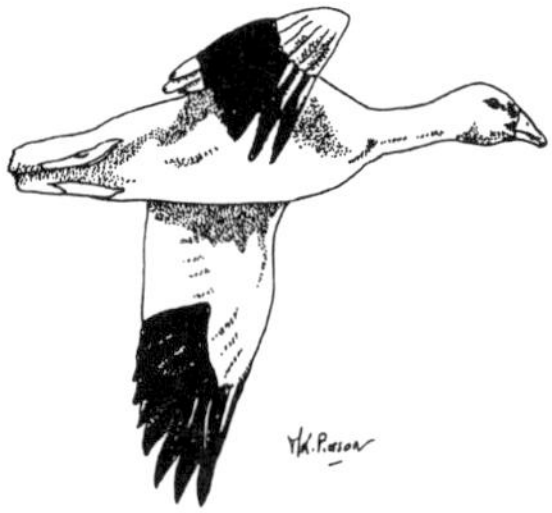

ABITIBI-TÉMISCAMINGUE

«Tout au long de son développement, la population de l'Abitibi-Témiscaminque est restée en étroite relation avec la nature. Ce phénomène se reflète non seulement dans la mentalité des gens, mais encore dans leurs habitudes de vie, notamment dans les coutumes culinaires.»[1]

L'Abitibi, pays de mines et de forêts, et le Témiscamingue, grande région rurale, forment un magnifique ensemble, limité au nord par le Nouveau-Québec-Baie James et bordé par l'Ontario, l'Outaouais et le Saguenay–Lac-Saint-Jean.

Vaste territoire habité par les Cris et les Algonquins, la région a développé, depuis les débuts de sa colonisation, une cuisine peut-être inspirée des traditions amérindiennes, puisant sûrement dans les ressources locales : gibier à plume et à poil, baies et fruits sauvages. L'exploitation forestière a développé une tradition de cuisine de chantier, et l'exploitation minière, avec l'embauche de travailleurs étrangers, a contribué à diversifier les habitudes alimentaires.

L'esprit des pionniers est toujours vivant en Abitibi-Témiscamingue. Comment pourrait-on expliquer autrement la présence des serres de Guyenne, qui produisent des tomates au coeur de la forêt, l'installation d'une culture de champignons forestiers sous abri, la mise sur pied d'élevages d'autruches et d'émeus, la plantation de vignes, la production de cassis? Parmi les richesses de la région, il faut citer l'élevage de la truite, ainsi que la production d'oeufs de corégone et d'esturgeon.

[1]Institut de tourisme et d'hôtellerie du Québec, *Cuisine traditionnelle des régions du Québec*, Les Éditions de l'homme, Les Publications du Québec.

ABITIBI-TÉMISCAMINGUE

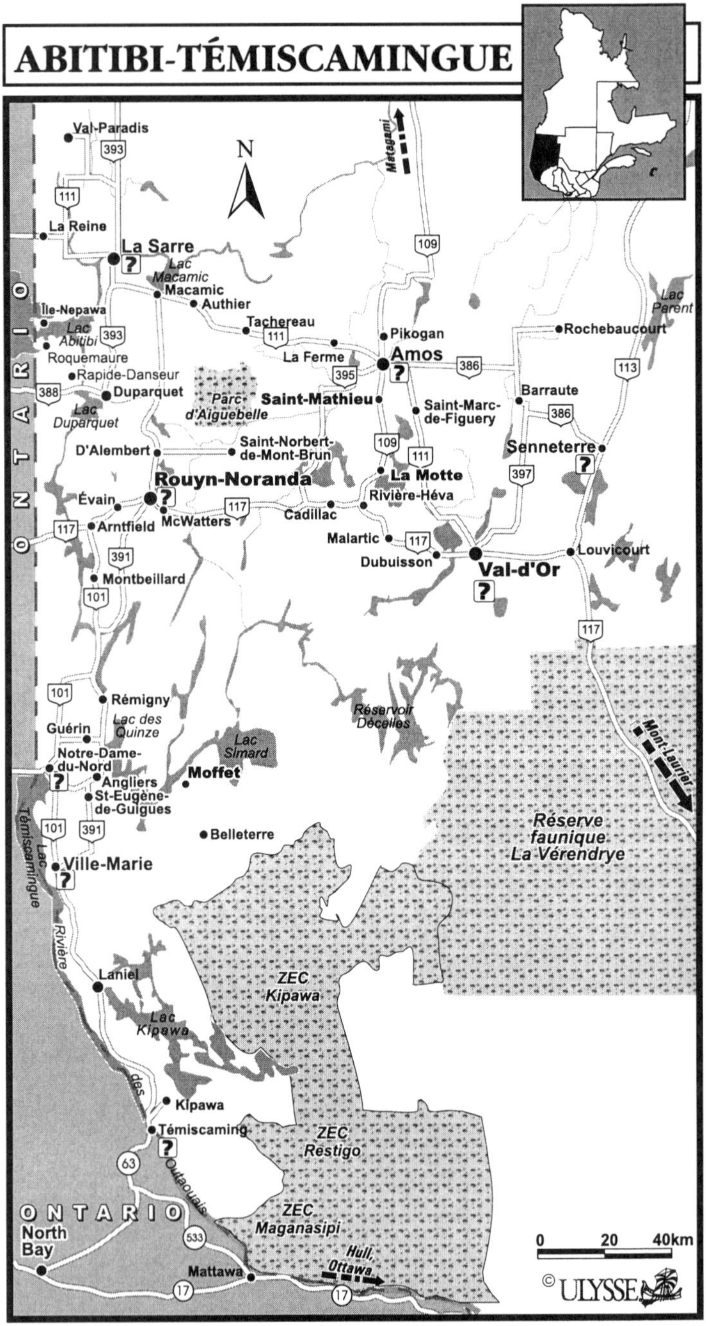

1. La Renaissance

M. et Mme Gino et Nicole Côté, propriétaires
M. Gino Côté, chef

Ambiance chaleureuse avec décor relatant la naissance de Rouyn-Noranda. Produits du terroir tels que la truite St-Mathieu, fromage de chèvre, riz sauvage, lapin. Sur table d'hôte à l'occasion : cerf rouge, daim, agneau, esturgeon fumé, champignons sauvages. Salon privé à scotchs et cigares. Accès pour fauteuils roulants.

À partir du kiosque touristique, prenez la rue du Lac vers le centre-ville. Tournez à gauche sur la rue Gamble. Rendu à l'avenue Principale, tournez à gauche et rendez-vous au 199 de l'avenue Principale.

La Renaissance **199, avenue Principale** **Rouyn-Noranda (Québec) J9X 4R1** **Tél : (819) 764-4422** **Fax : (819) 762-4419**	**Table d'hôte de 16,50$ à 19,75$** **À la carte de 14$ à 26$** **Carte des vins de 23,50$ à 135$** **Ouvert toute l'année** **lundi au vendredi 11 h à 22 h** **samedi 16 h à 23 h** **dimanche 16 h à 22 h** **Visa - MasterCard - AmEx - Paiement direct**

2. Motel L'Escale Hôtel Suite

M. Fernand Trahan, propriétaire
M. Michel Gagnon, chef

Le motel L'Escale Hôtel Suite vous offre un service de bar et de restauration complet. La salle à manger présente une carte et une table d'hôte qui offre un menu d'inspiration régionale et québécoise. Le seul établissement classé 4 étoiles dans les environs de Val-d'Or.

Suivez la route 117 nord, traversez le centre-ville de Val-d'Or jusqu'à l'intersection de la rue de L'Escale en direction de Rouyn-Noranda.

Motel L'Escale Hôtel Suite **1100, rue de L'Escale** **Val-d'Or (Québec) J9P 4G8** **Tél : (819) 824-2711** **sans frais : 1-800-567-6572** **Fax : (819) 825-2145**	**Table d'hôte de 16,50$ à 23,50$** **À la carte de 14,50$ à 25,95$** **Carte des vins de 15$ à 50$** **Ouvert tout l'année** **Visa - MasterCard - AmEx - Paiement direct**

3. L'Hôtel Confortel

Hôtels Confortel, propriétaires
M. Martin Thibeault, chef

Situé aux portes de l'Abitibi, L'Hôtel Confortel, avec ses 92 chambres, son bar, sa salle à manger et son centre des congrès régional, est l'endroit par excellence où séjourner que ce soit par affaires ou pour des vacances. La salle à manger propose une cuisine française et régionale. Salons privés disponibles.

Entrée est de la ville de Val-d'Or, route 117.

L'Hôtel Confortel **1001, 3e avenue, C.P. 967** **Val-d'Or (Québec) J9P 4P8** **Tél : (819) 825-5660** **Fax : (819) 825-8849**	**Table d'hôte de 14,95$ à 24,95$** **À la carte de 18,95$ à 28,95$** **Carte des vins de 22$ à 70$** **Ouvert toute l'année, tous les jours** **Visa - MasterCard - AmEx - Paiement direct**

4. Domaine Driftwood

Mme Nicole Guindon, propriétaire et chef

Au Domaine Driftwood, vous recevrez un accueil chaleureux des propriétaires, ce qui contribue, avec la bonne table, à son excellente réputation. Venez vivre des vacances de détente en auberge ou en chalet et profiter de nos équipements nautiques, de notre spa et notre sauna. Vous apprécierez l'intimité de notre salle à manger où notre chef se plaît à intégrer des plantes sauvages au menu.

De Rouyn-Noranda, prendre la 101 Sud, à Saint-Bruno de Guignès prendre la 382 Est, à Moffet 10 km le long du lac Des Quinze vers le nord-est.

Domaine Driftwood **1851, chemin Grassy Narrow** **Moffet (Québec) J0Z 2W0** **Tél/fax : (819) 747-6288** **Courriel :** **domaine_driftwood@compuserve.com**	**Table d'hôte de 15,95$ à 29,35$** **À la carte de 3,05$ à 19,95$** **Carte des vins de 18,05$ à 28,95$** **Ouvert toute l'année, tous les jours de 8 h à 23 h** **Paiement direct**

5. Truites St-Mathieu

M. Roger Périgny, propriétaire

TRUITES • TROUT ST-MATHIEU®

Le secret de St-Mathieu est dans le goût. La pisciculture St-Mathieu a mis au point une technique spéciale de purification et de finition qui assure au poisson un goût unique, parfait et constant. La saveur, la fraîcheur, l'esthétique du poisson ainsi que la présentation et l'emballage assurent aux dégustateurs de truites un produit de qualité supérieure offert toute l'année.

Truites St-Mathieu (1991) inc. **38, de la Pisciculture** **Harricana-Ouest (Québec) JOY 1MO** **Tél : (819) 732-6784** **Fax : (819) 732-0707**	**Ouvert du lun au ven** **8 h à 16 h 30**

6. La butte aux Délices

M. Maurice Bélanger et Mme Louise Lebœuf, propriétaires

CHÈVRERIE FROMAGERIE — 100% CHÈVRE — La butte aux délices

Venez voir la grande étendue des terres d'aspect encore sauvage de l'Abitibi. À la butte aux délices, les gens sont reçus avec convivialité par toute la famille afin de vous faire savourer la joie du travail de chevrier et de fromager. Les fromages de la Butte sont travaillés manuellement, respectant ainsi la vraie fabrication fermière. 100 % naturels, ils sont salés au sel de mer.

De Val-D'Or : prendre la route 117 Nord. À Rivière-Héva, empruntez l'embranchement de la route 109 vers Amos. Suivre les indications pour La Motte. Tournez à droite sur le chemin St-Luc. Tournez à gauche sur le chemin du Quai. Notre adresse : 341 chemin du quai.

La Butte aux Délices **341, chemin du quai** **La Motte (Québec) JOY 1TO** **Tél : (819) 732-1523** **Fax : (819) 735-2437**	**Visite :** **Du 24 juin au 1 déc,** **ven à dim, de 11 h à 18 h** **en groupe ou individuellement** **sur réservation** **Paiement direct**

Rillettes aux Deux Truites

15 ml (1 c. à soupe) .... de beurre
½ .... carotte coupée en fins bâtonnets
45 ml (3 c. à soupe) .... d'échalotes françaises, hachées
250 ml (1 tasse,) .... de poireaux hachés
310 ml (1 ¼ tasse) .... de vin blanc
750 ml (3 tasses) .... d'eau
22 ml (1 ½ c. à soupe) .... de vinaigre de vin blanc
500 g (1 lb) .... de truite
300 g (10 oz) .... de truite fumée
60 ml (¼ tasse) .... de beurre ramolli
.... poivre au goût
.... piment de Cayenne au goût
.... jus de citron au goût
20 ml (4 c. à thé) .... de vin xérès
20 ml (4 c. à thé) .... de crème épaisse (facultatif)

Faire fondre le beurre dans une grande casserole. Y faire revenir la carotte, les échalotes et les poireaux sans laisser prendre des couleurs. ....

Ajouter le vin et l'eau. Amener à ébullition. Réduire la chaleur et laisser mijoter 20 minutes. ....

Passer le bouillon dans une passoire chemisée d'étamine (coton à fromage) ....

Ajouter le vinaigre au bouillon. ....

Dans une passoire placée au-dessus de la casserole, filtrer le court-bouillon. ...

Amener de nouveau à ébullition. Réduire la chaleur. Déposer la truite dans le court-bouillon et faire pocher 10 minutes environ, jusqu'à ce que la chair s'effeuille facilement à la fourchette. Laisser reposer dans le court-bouillon. ....

Pendant ce temps, passer au mélangeur la truite fumée et le beurre ramolli, jusqu'à consistance homogène. ....

Débarrasser le morceau de truite de la peau et des arêtes puis l'émietter finement à la fourchette. ....

Dans un bol, mélanger la préparation de truite fumée et la truite émiettée. .....

Assaisonner de poivre et de piment de Cayenne. Ajouter le jus de citron et le xérès et mélanger. Ajouter la crème si la préparation semble trop épaisse. ....

Verser la préparation dans un moule huilé et rincé à l'eau froide. ....

Réfrigérer au moins 6 heures. ....

Servir avec du pain grillé. ....

GÂTEAU AU FROMAGE DE CHÈVRE DE MADAME DION ET SON COULIS DE FRUITS DES CHAMPS

500 g . . . . de fromage de chèvre nature de Madame Dion
5/8 tasse . . . . de sucre
7 c. à soupe . . . . de farine
5 . . . . œufs séparés
1 . . . . tasse de crème à 35 %
1 c. à thé . . . . de vanille
1 . . . . pincée de sel
1 . . . . . . croûte de biscuits Graham sucrés dans un moule à charnière de 9 pouces

Mélanger le fromage et la vanille . . . .
Ajouter le sucre, la farine, le sel et bien mélanger . . . .
Ajouter les jaunes d'oeufs et fouetter 5 minutes . . . .
Fouetter la crème et incorporer . . . .
Monter les blancs d'oeufs en neige et incorporer . . . .
Verser sur la croûte de biscuits Graham . . . .
Cuire au four à 350 °F environ 50 minutes . . . .
Après le temps de cuisson, très important de fermer le four et de laisser reposer sans ouvrir la porte, environ 45 à 60 minutes . . . .
Laisser refroidir de 6. à 8 heures . . . .
Dans un cul-de-poule, prendre de la crème sure et ajouter 3 à 4 c. à soupe de sucre à glacer, mélanger et étendre sur gâteau. Remettre au four à 350 °F de 4 à 5 minutes
Retirer du four . . . .
Faire un coulis de fruits des champs et servir le gâteau sur le coulis . . . .

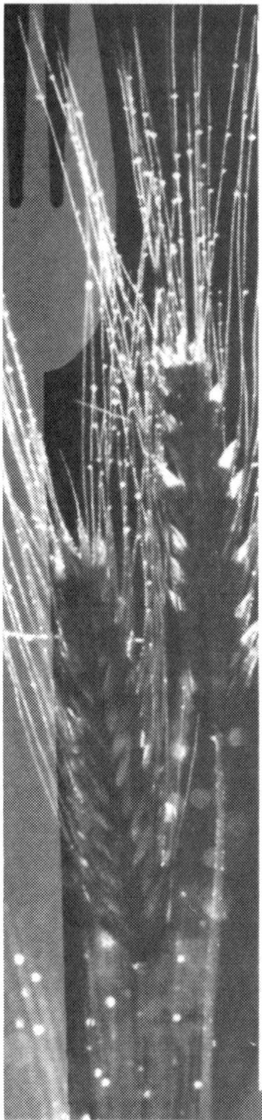

BAS-ST-LAURENT

«Le Patrimoine culinaire du Bas-Saint-Laurent est constitué d'un héritage légué à la fois par la nature et par la culture des Anciens. Il est le bien collectif de toute la Population qui se reconnaît dans son histoire commune.»[1]

Le Bas-Saint-Laurent est une vaste région qui s'étend, le long du fleuve, de La Pocatière jusqu'à l'est de Rimouski et, vers le sud, jusqu'au Nouveau-Brunswick et à la frontière des États-Unis.

C'est à La Pocatière, là où commence la région du Bas-Saint-Laurent, que fut construite la première école d'agriculture au Canada. À Rimouski, là où finit cette région, c'est presque déjà la mer. Entre ces deux pôles, les ressources agricoles et les ressources halieutiques se partagent le territoire. Et la cuisine puise dans l'une et l'autre pour se définir.

On Peut y déguster le saumon, l'esturgeon fumé aussi bien que l'anguille et, même, tout apprendre sur les moeurs de ce curieux poisson au Centre d'interprétation de l'anguille, à Kamouraska.

Bordée par un fleuve qui commence à sentir le grand large cette région a su développer des secteurs agricoles particuliers. L'élevage du lapin donne de bons résultats. Dans la région de Rimouski, l'élevage de l'agneau est prospère et cette viande de bonne qualité atteint les tables des grandes villes.

Le Bas-Saint-Laurent n'a pas oublié ses traditions culinaires anciennes. Les valeurs patrimoniales sont soulignées tout le long de la côte. À Saint-André, le verger-musée. La Maison de la prune a sauvé de l'oubli un arbre fruitier qui fait partie du patrimoine québécois.

[1]Institut de tourisme et d'hôtellerie du Québec, *Cuisine traditionnelle des régions du Québec,* Les Éditions de l'homme, Les Publications du Québec.

BAS-SAINT-LAURENT

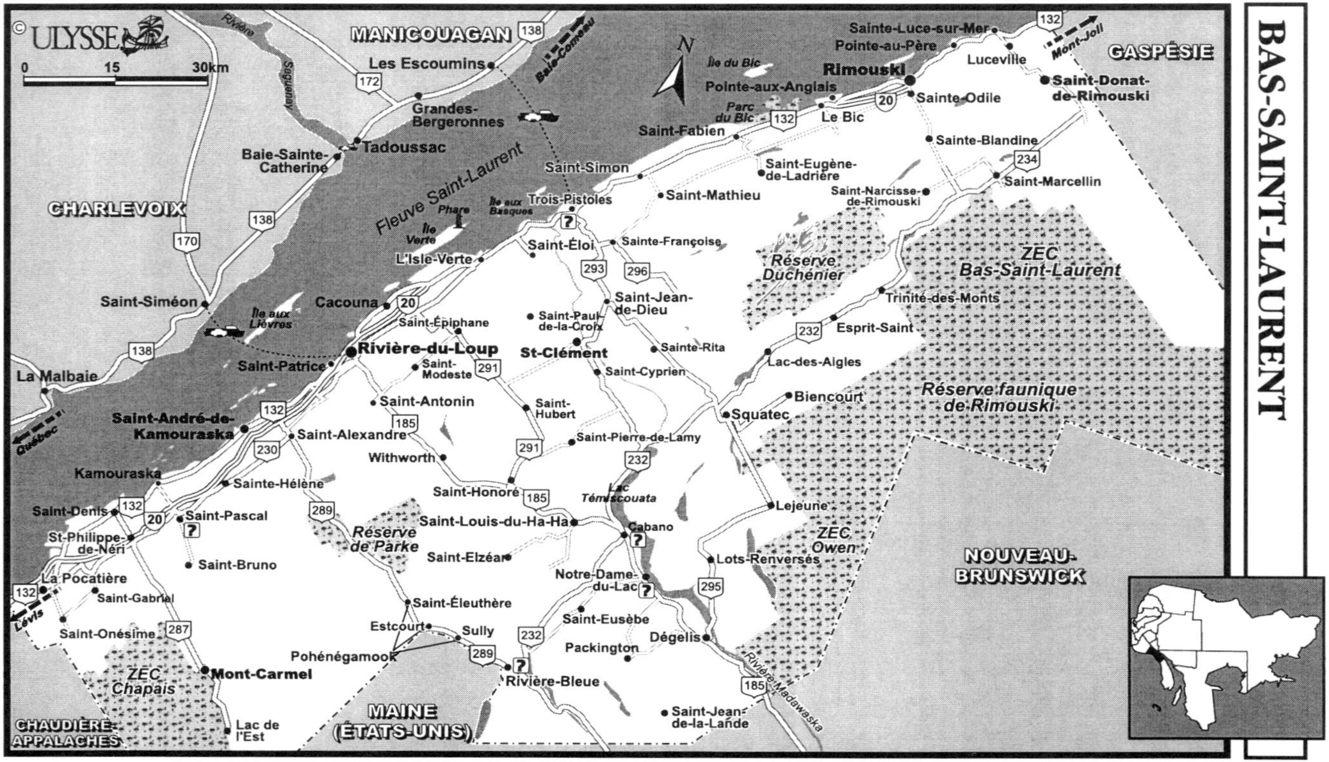

1. AUBERGE DES ABOITEAUX

M. René Ferrero et Mme Monique Vallerand, propriétaires
Mme Monique Vallerand, chef

Relais de campagne, entre le fleuve et la montagne, une chaude hospitalité, une douce intimité, c'est ce que l'Auberge vous offre. Pour l'accueil, vous pouvez compter sur René, et, pour la cuisine, sur Monique. Fine cuisine du terroir, gibier, champignons sauvages, alcool d'acer, fine boulange, agneau du Kamouraska, fruits de mer et poissons fumés, et tous les produits de notre région.

Sur l'autoroute 20, sortie 465 (Kamouraska). Direction est.

Auberge des Aboiteaux **280, route 132 ouest** **Saint-André de Kamouraska** **(Québec) G0L 2H0** **Tél : (418) 493-2495** **Fax : (418) 493-2779**	**Table d'hôte de 21,50$ à 27,50$** **À la carte (midi) 5,75$ à 10,95$** **Carte des vins de 17,20$ à 32,50$** **Ouvert toute l'année,** **tous les jours de 8 h à 23 h** **Paiement direct**

BAS-ST-LAURENT

2. AUBERGE LA SOLAILLERIE

M. Yvon Robert et Mme Isabelle Poyau, propriétaires
M. Yvon Robert, chef

Dans une demeure de 140 ans, un restaurant au décor romantique. Le chef propose une table d'hôte changeante au gré de son inspiration, des saisons et des arrivages. Cuisine créative, produits régionaux : agneau de Kamouraska, fruits de mer, champignons sauvages, légumes du jardin. Chambres champêtres.

Accès direct par la route 132. Par l'autoroute 20, sortie 480, à gauche. Au village, tournez à droite : rue Principale. Juste à côté du bureau de poste.

Auberge La Solaillerie **112, rue Principale** **Saint-André-de-Kamouraska** **(Québec) G0L 2H0** **Tél: (418) 493-2914** **Fax : (418) 493-2243**	**Table d'hôte de 24$ à 34$** **Carte des vins de 28$ à 80$** **mai à oct,** **tous les jours, 17 h 30 à 23 h** **Visa - MasterCard**

3. HÔTEL LEVESQUE

Mme Hélène Levesque, propriétaire
M. Gilles Laforêt, chef

Où l'ambiance invite à découvrir les plaisirs d'une table régionale de qualité en offrant une vue imprenable sur de magnifiques jardins ayant, comme arrière plan, le majestueux fleuve St-Laurent. Que ce soit des fruits de mer, de l'agneau, du porc, du veau, des grillades, de l'autruche ou des moules, nos tables d'hôtes combleront toutes vos attentes.

De Montréal le trajet dure 5 heures, de Québec à peine 2; à une heure de route, il y a Rimouski ou Edmundston (N.B.). Peu importe votre provenance, nous sommes situés au carrefour de la Gaspésie et du Nouveau-Brunswick, bien en vue au 171, rue Fraser.

Hôtel Levesque
171, rue Fraser
Rivière-du-Loup (Québec) G5R 1E2
Tél : (418) 862-6927
Fax : (418) 862-5385
Courriel : adm@hotellevesque.com

Table d'hôte de 10,95$ à 24,95$
À la carte de 7,95$ à 49,95$
Carte des vins de 20$ à 250$

Ouvert toute l'année, tous les jours

Visa - MasterCard - AmEx - Paiement direct

4. RESTAURANT CHEZ ANTOINE

M. et Mme Gérard et Nicole Beaulieu, propriétaires
M. Gérard Beaulieu, chef

«Chez Antoine» est situé dans une maison centenaire au cœur du centre-ville de Rivière-du-Loup à quelque 500 mètres des chutes. Vous apprécierez notre cuisine s'inspirant des produits régionaux tel les fruits de mer ainsi que nos excellents vins. De plus, vous pourrez profiter de la terrasse,des salons privés, de l'air conditionné et de notre service personnalisé.

Vers l'est, autoroute 20. À Rivière-du-Loup, prenez la rue Hôtel de Ville jusqu'à Lafontaine puis à droite jusqu'à Frontenac. Nous sommes à l'angle des rues Lafontaine et Frontenac à 500 mètres des chutes.

Restaurant Chez Antoine
433, rue Lafontaine
Rivière-du-Loup (Québec) G5R 3B9
Tél : (418) 862-6936
Fax : (418) 862-6082

Table d'hôte (midi) 8,75$
Table d'hôte (soir) de 12,95$ à 24,95$
À la carte de 8,95$ à 29,95$
Carte des vins de 17,95$ à 85,95$

Ouvert tous les jours
de 11 h à 14 h et de 16 h à 22 h

Visa - MasterCard - AmEx - Paiement direct

5. Chez Serge Poully

M. Serge Poully, propriétaire et chef

Restaurant français. Salle de réception pouvant accueillir jusqu'à 80 personnes. Nous apprêtons une cuisine du marché nouvelle ainsi qu'une cuisine traditionnelle française et régionale.

Boul. René Lepage, rue Julien Réhel, à mille pieds de l'hôtel Rimouski et du Gouverneur.

Chez Serge Poully
284, rue St-Germain est
Rimouski (Québec) G5L 1B4
Tél : (418) 723-3038
Fax : (418) 721-0269

Table d'hôte (midi) 6,95$ à 15,95$
Table d'hôte (soir) 14,95 à 29,95$
À la carte de 12,95$ à 26,95$
Carte des vins de 18$ à 60$

lun au ven : 11 h 30 à 14 h
lun au dim : 17 h à 24 h

Visa - MasterCard - AmEx - Paiement direct

6. Pavillon de l'Avenir

C.S. Kamouraska – Rivière-du-Loup
M. Mario Morin, chef

Le Pavillon de l'Avenir est un centre de formation professionnelle spécialisé dans la cuisine d'établissement et la cuisine actualisée.

Par l'autoroute 20, prendre la sortie Fraser. Empruntez ensuite la rue Hôtel de ville puis tournez à droite sur la rue St-Pierre. Tournez ensuite à gauche sur la rue Ste-Anne.

Pavilon de l'avenir
65, rue Ste-Anne
Rivière-du-Loup (Québec)
G5R 1P3
Tél : (418) 868-2362
Fax : (418) 862-3911

Table d'hôte de 5,75$ à 8,50$
À la carte de 9$ à 15$
Carte des vins de 13,50$ à 25,75$

Ouvert de sept à juin
lun au ven

Visa - MasterCard - Amex - Paiement direct

7. Les produits de l'érable Sylden

M. Sylvain April et Mme Denise Morin, propriétaires

Les produits de l'érable Sylden Inc. est une entreprise de transformation de l'érable. Nous fabriquons, en plus de tous les produits traditionnels, deux nouveaux produits : le caramel et la garniture à tarte au sirop d'érable!

À partir de la route 132, à Trois-Pistoles, prendre la sortie St-Jean-de-Dieu et suivre les indications pour St-Clément. Nous sommes situés à l'entrée du village.

Les Produits de l'érable Sylden inc. **22 du Pont C.P. 127** **Saint-Clément (Québec) G0L 2N0** **Tél : (418) 963-3900** **Fax : (418) 963-3902** **Courriel : sylden@qc.aira.com**	**Ouvert toute l'année,** **du lun au ven de 8 h à 17 h**

8. Confiserie Sportsman

M. Yvan Lévesque, propriétaire

La Confiserie Sportsman se spécialise dans la production de caramel, mélasse, sirop doré de maïs et sirop de table. Vous pouvez acheter nos produits directement sur place ainsi que visiter en groupe ou individuellement nos installations. Réservations nécessaires.

Autoroute 20, sortie 456, tournez à droite, à votre gauche (rte187). À l'intersection suivante, tournez à gauche sur la rue Principale. Prenez ensuite la droite sur la rue des Bois-Francs.

Confiserie Sportsman **36, rue Bois-Francs** **Mont-Carmel (Québec) G0L 1W0** **Tél : (418) 498-3255** **Fax : (418) 498-2271**	**La boutique est ouverte toute l'année,** **visites en juil, le ven, de 13 h à 15 h**

9. Les Fumoirs Mouski

M. Paul A. Beaudoin et Mane-Y. Beaudoin, propriétaires

Usine de transformation de produits de la mer, spécialisée dans le fumage du saumon et de l'esturgeon.

Rimouski - St-Donat - parc du Mont-Comi.

Les Fumoirs Mouski inc.
102, rue Sainfoin
St-Donat-de-Rimouski (Québec)
G0K 1L0
Tél : (418) 739-3453
Fax : (418) 775-8338

TORSADES D'AGNEAU AU VINAIGRE DE MIEL

Quantité : 4 portions - Préparation : 20 minutes
Cuisson : 10 minutes - Difficulté : moyen

4 .... longes d'agneau
15 ml (1 c. à soupe) .... de beurre
30 ml (2c. à soupe) .... de vinaigre de miel
30 ml (2 c. à soupe) .... de vin blanc
5 ml (1 c. à thé) .... de miel de trèfle
180 ml (¾ tasse) .... de sauce demi-glace (du commerce) ou de fond de gibier

Préchauffer le four à 150 C (300 F) ....
Trancher partiellement chaque longe d'agneau en trois lanières, de haut en bas, jusqu'à 1 cm (½ po) de la base ....
Tresser les trois lanières obtenues et en fixer l'extrémité à l'aide d'un cure-dents .
Faire fondre le beurre dans un poêlon et y saisir la viande des deux côtés. Cuire environ 10 minutes au four de sorte que la viande demeure rosée. ....
Réserver au chaud ....
Déglacer le poêlon avec le vinaigre de miel et le vin blanc ....
Laisser réduire de moitié. Ajouter le miel et la demi-glace. Laisser mijoter quelques minutes ....
Napper les torsades d'agneau de la sauce ....

MÉDAILLONS DE SAUMON DE SAINT-OMER

250 ml .... de vin blanc
1 c. à soupe .... de sucre d'érable
1 .... pincée de sel
1 .... filet de saumon de l'Atlantique sans peau ni arêtes
500 ml .... de fumet de poissons
250 ml .... de crème 35%
½ c. à thé .... de paprika

FARCE

250 gr .... de chair de saumon
1 .... œuf
125 ml .... de crème 35%
.... sel, poivre au goût
2 c. à soupe .... d'un mélange de persil, cerfeuil et estragon haché

1. Dans le bol du robot culinaire, réduire la chair de saumon en purée. Ajouter l'oeuf, mélanger et incorporer petit à petit la crème 35% et les fines herbes. .... Réserver. ....
2. Ouvrir le filet de saumon en portefeuilles et l'aplatir légèrement entre deux feuilles de papier ciré. ....
3. Étendre la farce obtenue à l'étape 1 sur le filet et le rouler comme un saucisson dans du papier film. ....
Bien serrer les deux extrémités et cuire par immersion dans un fumet de poissons environ 15 minutes. ....
4. Réduire le vin blanc et le sucre d'érable au trois quarts. Ajouter le fumet et réduire de moitié. ....
5. Mélanger la crème et le paprika et l'incorporer à la réduction obtenue à l'étape 4. Laisser réduire jusqu'à bonne consistance.

La cuisine des régions

Autant de façons de goûter le Québec

La cuisine des régions et la mise en valeur des produits du terroir qui confèrent aux régions leur caractère distinctif sont Autant de façons de goûter le Québec.

Le concept Le Québec à votre table, mis sur pied par le Ministère de l'Agriculture, des Pêcheries et de l'Alimentation a pour mandat de promouvoir l'expertise des producteurs agricoles et des transformateurs et de positionner leurs entreprises et leurs produits auprès de la population québécoise et des réseaux de l'hôtellerie et de la restauration.

En s'alliant notamment à la Corporation de "La cuisine régionale au Québec" et à l'Institut de tourisme et d'hôtellerie du Québec, des partenaires de renom, l'agroalimentaire devient accessible différemment et savoureusement.

Grâce aux alliances stratégiques et au partenariat, le ministère vous convie à la découverte des saveurs et des plaisirs liés à la gastronomie québécoise, reconnue bien au-delà de nos frontières.

LE QUÉBEC À VOTRE TABLE

AUTANT DE FAÇONS DE GOÛTER LE QUÉBEC !

Gouvernement du Québec
Ministère de l'Agriculture, des Pêcheries et de l'Alimentation
Direction du développement des marchés

CANTONS-DE-L'EST

«L'art de bien manger a toujours tenu une place importante dans les habitudes de la population des Cantons-de-l'Est. Érablières, vergers, fruits sauvages, gibiers et poissons constituent depuis toujours les principales richesses de ce merveilleux coin de pays où montagnes, lacs et rivières s'entrelacent.»[1]

À l'est de Montréal, au sud de Québec, en bordure de la frontière américaine, appuyés sur les Appalaches, les Cantons-de-l'Est sont modelés par leur situation géographique.

Terre ancestrale des Abénaquis, refuge des loyalistes, terre d'accueil des Irlandais, pays de colonisation anglo-saxonne et canadienne-française, les Cantons-de-l'Est ont bénéficié, au cours des siècles, de différentes influences culturelles. La cuisine de cette région, qui étonne par la diversité de ses saveurs, ne fait pas exception.

On trouve dans les Cantons-de-l'Est, en plus d'une cuisine traditionnelle plutôt familiale, une fine cuisine régionale. Les produits des érablières, des vergers, les fruits sauvages, ainsi que le gibier et les poissons ont été utilisés depuis toujours dans la confection des différents mets régionaux. Avec le développement de l'agriculture, les Cantons-de-l'Est sont devenus une importante région pour l'élevage des bovins de boucherie et des ovins, en plus de se démarquer en aquiculture. Ainsi, l'introduction de nouvelles productions végétales et animales a permis la création de plats inédits mettant à contribution des produits qui ont fait la renommée culinaire des Cantons-de-l'Est. En effet, qui n'a pas entendu parler des champignons de Waterloo, du canard du Lac Brome, des vins de Dunham ou de Magog et des fromages de l'Abbaye de Saint-Benoît-du-Lac? Source d'inspiration, la région a également vu naître de nouveaux produits partis à la conquête des marchés internationaux, comme le moût de pomme et la fleur d'ail.

Dans les restaurants et les auberges, qui foisonnent dans la région, on peut ainsi se délecter, par exemple, d'une crème de pois verts ou d'une salade d'endives aux pommes, aux noisettes et au chèvre chaud, suivies de suprêmes de canard aux arômes des fruits des champs ou de côtelettes d'agneau à la fleur d'ail et au vinaigre de menthe sauvage, le tout arrosé de vin du pays. On peut clore un tel festin par la traditionnelle croustade au miel ou la tarte aux pommes de Compton.

[1]Institut de tourisme et d'hôtellerie du Québec, *La cuisine traditionnelle des régions du Québec,* Les Éditions de l'homme, Les Publications du Québec.

CANTONS-DE-L'EST

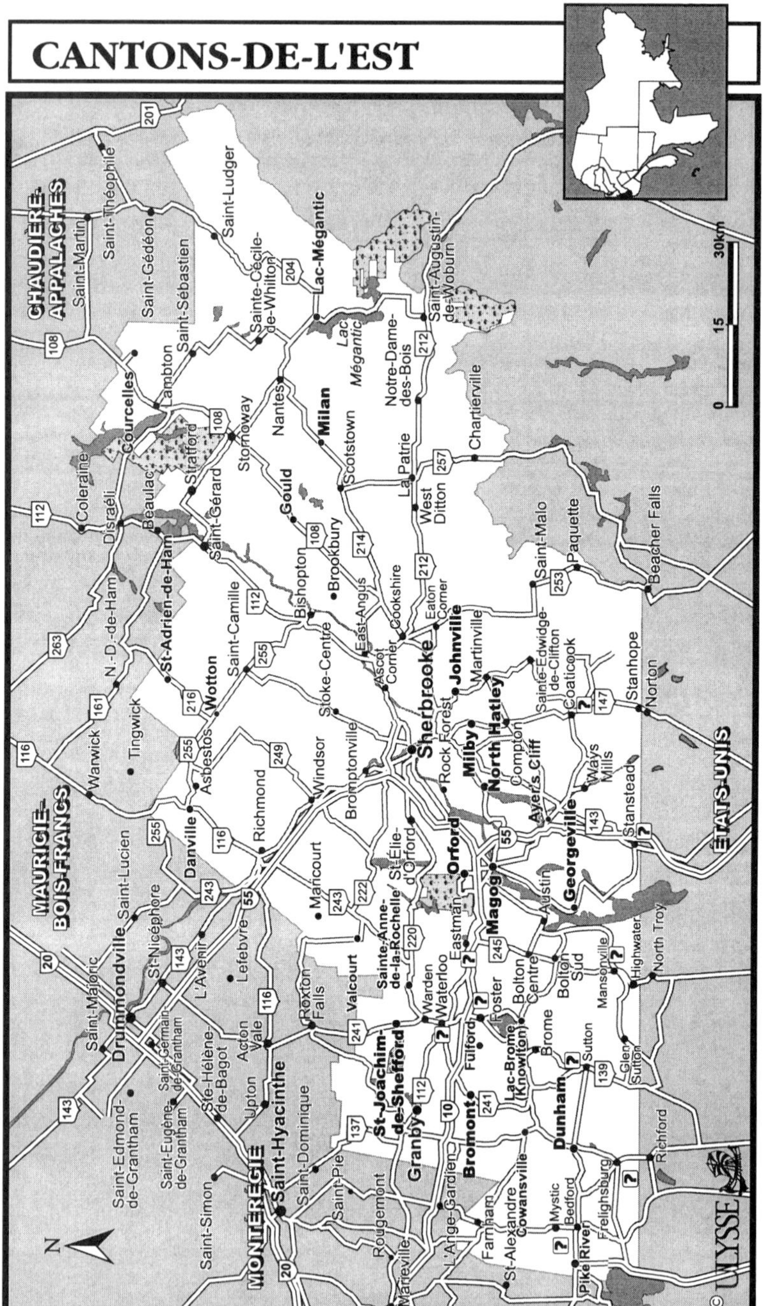

1. Auberge au Lion d'Or

M. Donald Landry, propriétaire
M. Gino Lefrançois, chef

Médaillé d'or de l'Association des chefs cuisiniers du Québec et finaliste pour le Grand prix touristique québécois. Également gagnant du prix «Accueil et service à la clientèle» lors du Gala Reconnaissance Estrie. Fine cuisine à base de fines herbes fraîches.

Autoroute des Cantons-de-l'Est (10), sortie 118. En direction d'Orford, à exactement 2 km.

Auberge au Lion d'Or **2240, chemin du Parc** **Orford (Québec) J1X 7A2** **Tél : (819) 843-6000** **1-877-843-6000** **Fax : (819) 868-0165** **Courriel : lion@auliondor.com**	**Table d'hôte de 28,95$ à 40,95$** **À la carte de 18,95$ à 29,95$** **Carte des vins à partir de 20$** **Ouvert toute l'année** **Visa - MasterCard - AmEx - Paiement direct**

2. Auberge Estrimont

La famille Désilets, propriétaire
M. Camille Gagnon, chef

L'Auberge Estrimont, avec sa vue panoramique sur le mont Orford, vous offre une hospitalité de grande classe dans une atmosphère des plus chaleureuses. Plusieurs activités vous sont offertes gratuitement, dont la motoneige et le ski. Piscine intérieure. À l'extérieur : squash, tennis, salle d'exercice, sauna et jacuzzi sont également à votre disposition.

À seulement 65 minutes de Montréal et à 15 minutes de Sherbrooke, sur l'autoroute des Cantons-de-l'Est, sortie 118, direction Orford.

Auberge Estrimont **44, avenue de L'Auberge** **Orford (Québec) J1X 3W3** **Tél : (819) 567-7320** **Fax : (819) 843-4909** **Courriel : auberge@estrimont.qc.ca**	**Table d'hôte de 18,95$ à 28,95$** **À la carte de 18,95$ à 28,95$** **Carte des vins de 18$ à 175$** **Ouvert toute l'année** **Visa - MasterCard - AmEx - Paiement direct**

3. Auberge Hatley

Mme Liliane Gagnon et M. Robert Gagnon, propriétaires
M. Alain Labrie, chef

L'Auberge Hatley est située sur une colline dominant le lac Massawippi. Lieu privilégié de la gastronomie québécoise, l'auberge cultive en serre des salades et des herbes de toutes sortes qui donnent à sa cuisine des saveurs dignes des plus grands éloges! Prestigieuse cave à vin.

De Montréal : empruntez le pont Champlain, l'autoroute 10 jusqu'à la sortie 121, l' autoroute 55 jusqu'à la sortie 29. Continuez en direction de North Hatley.

Auberge Hatley 325, chemin Virgin North-Hatley (Québec) J0B 2C0 Tél : (819) 842-2451 Fax : (819) 842-2907 Courriel : hatley@relaischateaux	**Table d'hôte de 50$ à 90$ Carte des vins de 30$ à 1200$ Ouvert tous les jours fermé du 15 nov au 30 nov Visa - MasterCard - AmEx - Paiement direct**

4. Golf et Auberge Bromont

M. Roger Hubert, propriétaire
M. David Jan, chef

Nos salles possèdent certainement l'un des plus beaux points de vue sur les pentes de ski et le golf du mont Bromont. Avec sa cuisine distinctive qui favorise la Cuisine Régionale au Québec et dont la renommée n'est plus à faire, Golf et Auberge Bromont s'avère un site de prédilection pour tout événement. De plus, situé dans un décor enchanteur à seulement 45 minutes de Montréal et de Sherbrooke.

De Montréal : autoroute 10 en direction de Sherbrooke, sortie 78. Prendre le boul. Bromont jusqu'à la rue Champlain. Tournez à droite sur cette dernière puis encore à droite sur Montmorency.

Golf et Auberge Bromont 95, rue Montmorency Bromont (Québec) J2L 2J1 Tél : (450) 534-1199 Sans frais : 1-888-276-6668 Fax : (450) 534-1700	**Table d'hôte de 18,95$ à 25$ Carte des vins de 22$ à 52$ Ouvert toute l'année de 7 h à 10 h 30 et de 17 h 30 à 21 h Visa - MasterCard - AmEx - Paiement direct**

5. Manoir Hovey

M. Stephen Stafford, propriétaire
M. Roland Ménard, chef

Haut lieu de la fine cuisine bourgeoise, prônant les produits régionaux, mais laissant place aussi à la cuisine du cœur. Table de prestige du Québec '98, gagnant du «America's Top Tables Poll», Gourmet Magazine (1997-1998). Carte des vins exceptionnelle.

De Montréal : pont Champlain, aut. 10 (Est), direction Sherbrooke, sortie 121 puis suivre l'aut. 55 (Sud), sortie 29. Tournez sur la route 108 (Est) et suivez les panneaux qui indiquent «Manoir Hovey» (calculez 8 km de la sortie 29).

Manoir Hovey
575, chemin Hovey
North Hatley (Québec) J0B 2C0
Tél : (819) 842-2421
Fax : (819) 842-2248
Courriel : manhovey @manoirhovey.com

Table d'hôte 48$ à 68$
Carte des vins de 28$ à 650$

Ouvert tlj de 8 h à 21 h 30
petit déjeuner : 8 h à 10 h
déjeuner : 12 h à 13 h 30
dîner : 18 h à 21 h 30

Visa - MasterCard - AmEx - Paiement direct

CANTONS-DE-L'EST

6. Auberge Georgeville

M. Steven Beyrouty et Mme Megan Seline, propriétaires
M. Steven Beyrouty, chef

Le plus vieil établissement hôtelier du Québec, CAA Quatre Diamants Culinaires, Wine Spectator Prix d'Excellence, 13 chambres de style Laura Ashley, forfaits gastronomiques, paru dans Canadian Country Inns, Guide Debeur. Nous avons représenté le Québec à la Maison James Beard de New York.

Autoroute 10, sortie 118, en direction de Magog jusqu'à Georgeville sur la route 247.

Auberge Georgeville
71, chemin Channel
Georgeville (Québec) J0B 1T0
Tél : (819) 843-8683
Fax : (819) 843-5045
www.fortune1000.ca/georgeville
Courriel : aubgeorg@abacom.com

Table d'hôte à 40$
Carte des vins de 25$ à 450$

Ouvert toute l'année,
petit déjeuner lun au ven 8 h à 10 h
sam et dim 8 h à 12 h
dîner 18 h à 21 h 30
fermé 24 et 25 déc

7. Restaurant La Merise

M. Marc Gilles Bigué et Mme Susan Diane Lucking, propriétaires
Mme Susan Diane Lucking, chef

Maison ancestrale restaurée de 50 places, datant de 1875, avec galerie-terrasse de 45 places. Cuisine maison variée mettant en vedette les fines herbes de son potager, les produits de la région des Cantons-de-l'Est et du Québec. Parti pris pour la santé : produits, techniques, etc. Ambiance chaleureuse et détendue.

Autoroute des Cantons-de-l'Est (10) jusqu'à la sortie 118. Faites 1 km vers Orford sur la route 141 Nord jusqu'à Cherry River, juste avant le parc du Mont-Orford.

Restaurant La Merise 2329, chemin du Parc, Cherry River Orford (Québec) J1X 3W3 Tél : (819) 843-6288 Fax : (819) 847-2044	**Table d'hôte de 12,95$ à 24,95$ À la carte de 9,95$ à 22,95$ Carte des vins de 19$ à 46$ Ouvert toute l'année, tous les jours en haute-saison Visa - MasterCard - Paiement direct**

8. À l'Orée du bois restaurant

M. Frank Lenk et Mme Nicole Saint-Jacques, propriétaires
M. Frank Lenk, chef

Pour la cuisine savoureuse et le décor enchanteur, il faut venir À l'Orée du bois, au bout d'un joli chemin champêtre. Venez goûter notre oie ou le canard du Lac Brome et nos confits, l'agneau, la venaison, le lapin, le porc de la région, les pâtes maison, les fines herbes, les petits fruits et les champignons cueillis chez nous. Tous les ingrédients sont réunis pour faire de votre repas une réussite!

De Montréal : aut. 10 Est, sortie 68, à droite vers Granby sur David-Bouchard, faire 28 km tout droit; à gauche, prendre la 241 Nord ; à St-Joachim, tournez à gauche à l'église ; faire 1 km. C'est sur votre droite.

À l'Orée du bois 618, 1er rang Ouest C.P. 68 Saint-Joachim-de-Shefford (Québec) J0E 2G0 Tél/fax : (450) 539-1455 Courriel : oree.du.bois@videotron.ca	**Table d'hôte de 18,50$ à 35,95$ Menus de groupe de 26$ à 33,50$ Carte des vins de 20$ à 32$ Été-automne : mar au dim, Hiver-printemps : jeu au dim, de 17 h 30 à 22 h Prière de réserver Visa - MasterCard**

9. La Tablée du pont couvert

M. André LaPalme et Mme Hélène Lupien, propriétaires
M. André LaPalme, chef

Table champêtre dans la résidence des propriétaires. On peut y manger à l'extérieur ou en salle. Cuisine gastronomique régionale. Toutes les viandes sont fraîches. Les épices, fines herbes et légumes proviennent du jardin du chef. Les confits de lapin ou canard, les terrines, les rillettes, les marinades, les abats, les sauces, l'agneau, le lapin et le canard à l'amérindienne nous distinguent.

De Montréal : prendre l'autoroute des Cantons-de-l'Est jusqu'à Sherbrooke, sortie King (centre-ville), puis la route 143 Sud. À la sortie de Lennoxville, tournez à gauche à l'intersection de la route 147; 5 km plus loin, tournez à votre droite.

La Tablée du pont couvert **5675, route 147, R.R.2** **Milby (Québec) J1M 2A3** **Tél : (819) 837-0014** **Fax : (819) 849-7924**	**Table d'hôte de 25,95$ à 31,95$** **Apportez votre vin** **Ouvert toute l'année, tous les jours** **Réservations nécessaires**

10. Aliments Alegria

M. Robert Beauchemin, propriétaire

Alegria PASTA

Les pâtes Alegria (pâtes séchées) sont produites dans les Cantons-de-l'Est selon une technique traditionnelle. Farines et semoules de très haute qualité sont fraîchement moulues sur meule de pierre et sont certifiées biologiques. La qualité, la fraîcheur de la mouture des grains de même que les basses températures d'extrusion et de séchage assurent une saveur unique à nos pâtes traditionnelles, italiennes ou orientales.

Aliments Alegria
108, route 214
Milan (Québec) G0Y 1E0
Tél : (819) 657-4646
Fax : (819) 657-1011
Courriel : meuner@microtec.net

11. Framboisière de l'Estrie

Mme Jocelyne Hamelin et M. Daniel Couture, propriétaires

Producteur et transformateur de framboise, l'une des plus grandes superficies répertoriées au Québec, soit 26 acres. En saison, autocueillette et terrasse à dessert. Vinaigre de framboise, sirop et autres produits transformés proposés à l'année. Nous possédons également une salle de réception.

De Lennoxville : route 108 Est jusqu'à la 251 Sud, 6 km jusqu'à la Framboisière de l'Estrie située à Johnville au 48 ch. Couture.

Framboisière de l'Estrie 48, chemin Couture Johnville (Québec) J0B 2A0 Tél : (819) 837-2126 Fax : (819) 837-0226 framboisiere.estrie@sympatico.ca	**Ouvert de la mi-juil à la mi-août de 8 h à 21 h À la demande, hors-saison Visa - MasterCard - AmEx - Paiement direct**

12. Gourmestrie

M. René Poulin et Mme Martine Caillier, propriétaires
M. René Poulin, chef

Repas gastronomiques de 4 services, préparés avec les produits du terroir et offerts dans une boîte cadeau, à consommer dans le confort de son foyer. Menu disponible par télécopieur. Spécialiste des canapés régionaux. Prière de réserver 8 heures à l'avance.

À 7 km de la sortie 118 (route 10).

Gourmestrie 1126, ch. de la Chasse-gardée (via Alfred-Desrochers) Orford (Québec) J1X 3W3 Tél : (819) 847-4447 Fax : (819) 847-2124	**«Boîte à festin» à 49.95$ Ouvert de janvier à décembre, lun au sam 8 h à 19 h Argent comptant ou chèque**

13. Les Moûts de P.O.M.

M. Guy Bergeron et Mme Jeannine Lefebvre, propriétaires

Été comme hiver, profitez de nos vastes espaces et offrez-vous la liberté... jusque dans les bois environnants. À votre retour, goûtez le Québec à notre table : dégustations, collations originales à base de pommes, boutique de produits régionaux, etc. Service de traiteur possible pour repas complet, cueillette de pommes en saison, tables de pique-nique. Forfaits variés.

Autoroute 10 sortie 118, direction Orford. Chemin Alfred-Desrochers à 2 km vers la droite; suivez les panneaux touristiques.

Les Moûts de P.O.M. Inc. 795, ch. Alfred-Desrochers - R.R. 2 Magog (Québec) J1X 3W3 Tél/fax : (819) 843-6278	**Ouvert toute l'année Visa - Paiement direct**

CANTONS-DE-L'EST

14. Vignoble de l'Orpailleur

M. Charles-Henri de Coussergues, Hervé Durant,
Frank Furtaclo, Pierre Rodrigue, propriétaires
M. Pascal Noiseaux, chef

vignoble de l'Orpailleur

Emprunter la route des vins du Québec pour se rendre au vignoble de l'Orpailleur, c'est un peu comme accéder à un nouvel univers... L'Orpailleur est un pôle touristique de grand intérêt que vous devez connaître. Toutes les occasions sont bonnes pour organiser un festin à l'Orpailleur. Une belle salle à manger, une immense terrasse et un grand choix de menus pour organiser la réception de vos rêves.

Autoroute 10 Est, sortie 68, direction de Cowansville sur la 139 Sud. Prendre la route 202 Ouest en direction de Dunham (suivre les panneaux indicatifs bleus). Au village, tournez à droite à l'intersection la 202 Ouest.

Vignoble de l'Orpailleur 1086, rue Bruce, C.P. 339 Dunham (Québec) J0E 1M0 Tél : (450) 295-2763 Fax : (450) 295-3112 Courriel : info@orpailleur.ca	**Table d'hôte de 13$ à 26$ À la carte de 3$ à 12,50$ Carte des vins de 15$ à 40$ Vignoble : du 15 avril au 31 déc : tous les jours de 9 h à 18 h 31 déc. au 15 avril : fin de semaine 10 h à 17 h Restaurant : juin à oct du mer au dim Visa - MasterCard - Paiement direct**

15. Vignoble Les Arpents de Neige

M. Gilles Séguin, propriétaire
M. Gilles Séguin et M. Martin Giroux, chefs

Au Vignoble Les Arpents de Neige, nous pratiquons bien sûr la culture de la vigne, mais nous offrons aussi des tables champêtres (spécialités : sanglier et wapiti), des visites guidées et des dégustations. Notre salle de réception peut accueillir jusqu'à 80 personnes. Profitez de votre passage pour faire un pique-nique ou vous procurer nos vins et autres produits...

Autoroute 10, sortie 68 vers Cowansville. Au deuxième feu de circulation, tournez à droite vers Dunham. Continuez tout droit sur 7,5 km. Traversez le village, puis prenez à droite pour 1,5 km.

Vignoble Les Arpents de Neige **4042, rue Principale** **Dunham (Québec) J0E 1M0** **Tél : (450) 295-3383** **Fax : (450) 295-1102** **Courriel : arpents@qc.aira.com**	**Table d'hôte de 13,50$ à 25$** **Carte des vins de 12,50$ à 15$** **Ouvert toute l'année de 9 h à 18 h** **Visa - MasterCard - AmEx - Paiement direct**

Le Blévian de Dindon au Moût de Pommes

Donne 3-4 portions

3 (environ 8 onces chacun)	filets de dindon
100 g (4 onces)	pommes séchées
50 g (2 onces)	pacanes
1	blanc d'oeuf
100 ml (3 onces)	crème 35%
	sel, poivre
30 ml (2 c. soupe)	moutarde de Dijon
3	échalotes hachées
250 ml (9 onces)	moût de pommes
500 ml (18 onces)	fond brun de dindon réduit

Parer les filets de dindon, couper les bouts et hacher les parures . . . .
Dans un robot culinaire, mélanger les parures avec le blanc d'oeuf,, ajouter la crème 35 %, le sel et le poivre. . . . .
Couper les pommes séchées et les pacanes en cubes, ajouter à la farce avec la moutarde de Dijon . . . .
Étendre la farce sur une pellicule d'emballage de plastique, ensuite, déposer le filet de dindon et rouler le tout bien solidement . . . .
Cuire à la vapeur ou au four micro-ondes pendant 15 minutes . . . .
Entre temps, faire réduire dans une casserole, le moût de pommes, le fond brun et les échalotes; assaisonner et napper les filets de dindon de cette sauce . . . .

Fond

Bouillon fait avec les os de dindon qui ont été rôtis au four après la cuisson du dindon entier ou utiliser une préparation de sauce brune. Pour le bouillon de dindon, les os ne sont pas rôtis, tandis que pour le fond de dindon, les os et la carcasse sont rôtis.

MAGRET DE CANARD FERMIER AU BEURRE D'ÉRABLE

2	magrets de canard de Barbarie
	sel, poivre, muscade au goût
6 c. à soupe	de vinaigre d'érable
250 ml	de glace de canard
150 ml	de crème 15% champêtre
100 gr	de caramel d'érable (ou beurre d'érable)
1	lime
	zestes de lime blanchis

Saler, poivrer et muscader les magrets de canard . . . .
Dans un poêlon, déposer les magrets sur le côté gras et les saisir 5 minutes et finir de les marquer sur toutes les faces . . . .
Déposer les magrets sur un plat de cuisson (allant au four) . . . .
Terminer la cuisson au four à 150 °C environ 10 minutes sur le côté gras, les retourner et compléter la cuisson 2 autres minutes . . . .
Réserver au chaud en attente . . . .
Jeter le gras de cuisson de la poêle, déglacer avec le vinaigre et le jus de lime, ajouter les zestes et laisser réduire à sec . . . .
Ajouter la glace de canard et la crème . . . .
Cuire 4 minutes et monter la sauce au beurre d'érable . . . .
Escaloper les magrets de canard, les déposer sur une assiette bien chaude . . . . .
Servir avec la sauce en saucière, haricots verts extra-fins et pommes paille cuites à la graisse de canard . . . .

CHARLEVOIX

«Et si la pomme de terre supplanta la gourgane au début du régime anglais, elle se maintient cependant dans la région de Charlevoix, dont elle est devenue le symbole culinaire.»[1]

Située en plein coeur du Bouclier canadien, depuis Petite-Rivière-Saint-Francois jusqu'à l'embouchure du Saguenay, la région de Charlevoix s'étend le long du majestueux fleuve Saint-Laurent, où l'on retrouve la célèbre île aux Coudres.

L'économie régionale s'est longtemps concentrée sur l'exploitation forestière. La coupe de bois, le cabotage et l'agriculture sont toujours partie intégrante de ce rituel ancestral; toutefois, les secteurs touristique et culturel prennent de plus en plus d'ampleur et l'on mise davantage sur cette industrie pour développer la région.

Charlevoix est également le rendez-vous des fins gastronomes, avec la plus forte concentration de tables de qualité supérieure au Québec. Quel plaisir pour le palais de déguster les spécialités traditionnelles et régionales! La soupe aux gourganes est sans doute la plus représentative de Charlevoix. La tourtière de Charlevoix se distingue parmi celles des autres régions. On y retrouve aussi le gigot d'agneau, les cretons, la tête fromagée, le capelan et l'éperlan frits, sans oublier le gibier.

Depuis quelques années maintenant, producteurs et restaurateurs unissent leur énergie dans l'amélioration et la recherche de nouveaux produits à saveur régionale afin d'offrir aux touristes variété et originalité gastronomiques. La production d'escargots confirme bien les préoccupations actuelles entourant une cuisine distincte et de qualité supérieure jumelée au développement de l'industrie agro-alimentaire. La région de Charlevoix a innové avec la naissance de la Route des Saveurs, qui permet de découvrir les produits de son terroir à l'origine de la grande réputation gastronomique qu'elle détient.

[1]Institut de tourisme et d'hôtellerie du Québec, *Cuisine traditionnelle des régions du Québec,* Les Éditions de l'homme, Les Publications du Québec.

CHARLEVOIX

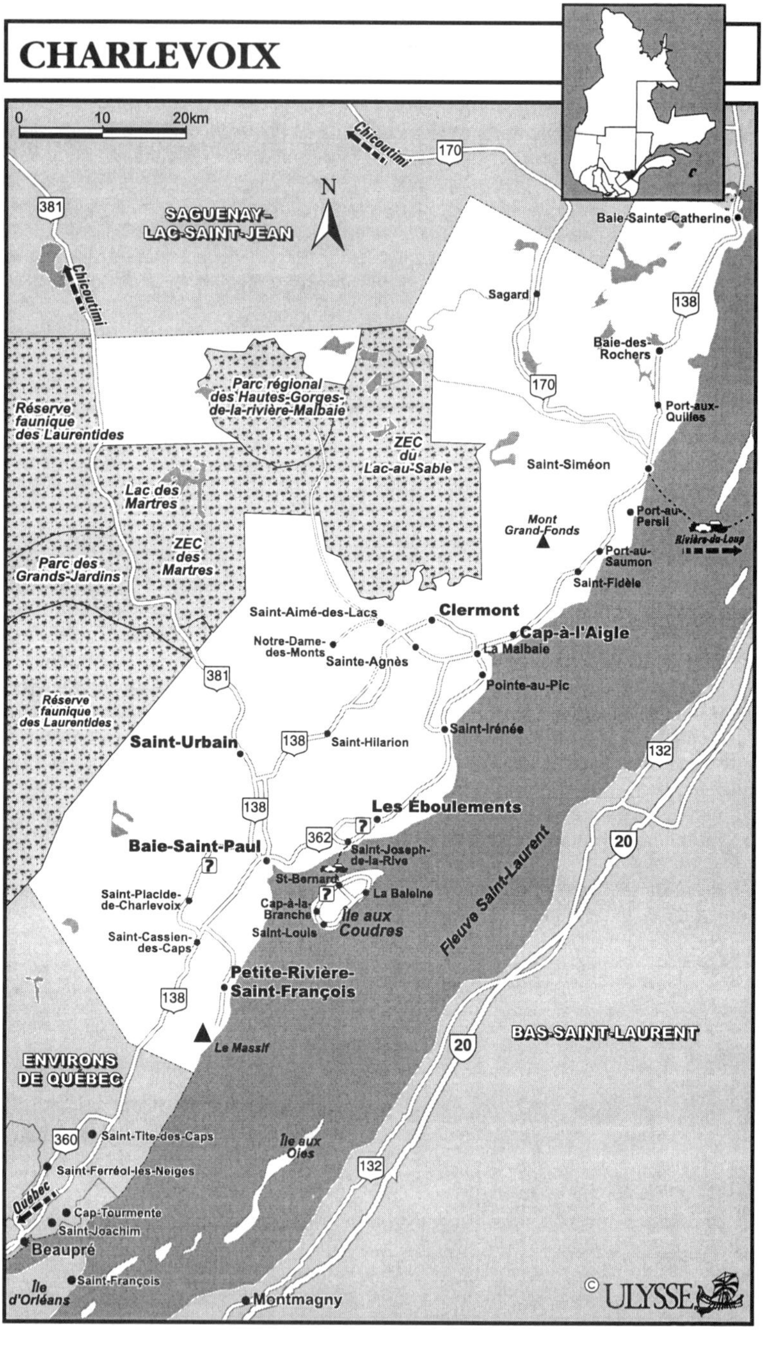
0
10
20km
Chicoutimi
170
381
N
SAGUENAY-
LAC-SAINT-JEAN
Chicoutimi
Baie-Sainte-Catherine
Sagard
138
Baie-des-
Rochers
170
Port-aux-
Quilles
Parc régional
des Hautes-Gorges-
de-la-rivière-Malbaie
Réserve
faunique
des Laurentides
ZEC
du
Lac-au-Sable
Saint-Siméon
Lac des
Martres
Mont
Grand-Fonds
Port-au-
Persil
Rivière-du-Loup
ZEC
des
Martres
Parc des
Grands-Jardins
Port-au-
Saumon
Saint-Fidèle
Saint-Aimé-des-Lacs
Clermont
Cap-à-l'Aigle
Notre-Dame-
des-Monts
Sainte-Agnès
La Malbaie
381
Pointe-au-Pic
Réserve
faunique
des Laurentides
Saint-Irénée
Saint-Urbain
138
Saint-Hilarion
132
138
Les Éboulements
Baie-Saint-Paul
362
Saint-Joseph-
de-la-Rive
20
St-Bernard
La Baleine
Saint-Placide-
de-Charlevoix
Cap-à-la-
Branche
Île aux
Coudres
Saint-Louis
Fleuve Saint-Laurent
Saint-Cassien-
des-Caps
Petite-Rivière-
Saint-François
138
Le Massif
BAS-SAINT-LAURENT
20
ENVIRONS
DE QUÉBEC
360
Saint-Tite-des-Caps
Île aux
Oies
Saint-Ferréol-les-Neiges
132
Québec
Cap-Tourmente
Saint-Joachim
Beaupré
Île
d'Orléans
Saint-François
Montmagny
© ULYSSE

1. Auberge La Muse

M. Robert Arsenault et Mme Evelyne Tremblay, propriétaires
Mme Evelyne Tremblay, chef

Maison victorienne centenaire, salle à manger ensoleillée. Spécialités régionales : veau saveur, agneau éboulemontais, omble de Fontaine, lapin de Charlevoix, fromage migneron. Servi dans l'ambiance intime du feu de foyer ou sur la terrasse.

De Québec : direction Ste-Anne-de-Beaupré, route 138 Est, faire 100 km puis à l'Église de Baie-Saint-Paul, prendre la route 362 Est à gauche (rue St-Jean-Baptiste). De la Malbaie: routes 138 ou 362 Ouest.

Auberge La Muse **39, St-Jean-Baptiste** **Baie-St-Paul (Québec) G3Z 1M3** **Tél : (418) 435-6839** **sans frais : 1-800-841-6839** **Fax : (418) 435-6289** **www.lamuse.com**	**Table d'hôte de 20$ à 27$** **À la carte de 4,50$ à 17,95$** **Carte des vins de 19$ à 45$** **Ouvert de 18 h à 21 h** **tous les jours de juin à oct** **et de la fin déc au début avril** **Visa - MasterCard - Paiement direct**

2. La Pinsonnière

Famille Authier, propriétaire
M. Jeannot Lavoie, chef

Sous la baguette d'un grand chef, nous vous proposons une cuisine de tradition aux accents renouvelés maintes fois honorée. Entre autres plats : foie gras de canard poêlé aux poires confites, ravioli croustillants de crabe au cidre velouté, pigeonneau royal rôti aux baies de genièvre. Cave réputée. L'ambiance élégante du restaurant est rehaussée d'une étonnante collection d'œuvres d'art.

De Montréal : autoroute 40 ou 20 Est jusqu'à Québec. De Québec : route 138 Est jusqu'à Cap-à-l'Aigle.

La Pinsonnière **124, rue Saint-Raphaël** **Cap-à-l'Aigle (Québec) G0T 1B0** **Tél : (418) 665-4431** **Fax : (418) 665-7156** **Courriel :** **pinsonnière@relaischateaux.fr**	**Table d'hôte à partir de 45$** **À la carte de 28$ à 40$** **Carte des vins de 20$ à 2500$** **Ouvert tous les jours** **12 h à 15 h et 18 h à 21 h 30** **fermé du 31 oct au 17 déc 1999** **Visa - MasterCard - AmEx - Paiement direct**

3. Auberge St-Jean et Motels

M. Alain Bouchard et M. Pierre Bouchard, propriétaires
Mme Diane Bouchard, chef

Notre salle à manger, reconnue pour l'excellence de sa table et la qualité de son service, met à l'honneur les spécialités régionales.

Entreprise familiale située à 8 km à l'ouest de Baie-St-Paul, ou à 90 km à l'est de Québec sur la 138.

Auberge St-Jean et Motels 1592, St-Cassien des Caps Petite Rivière St-François (Québec) GOA 2LO Tél : (418) 435-3078 Fax : (418) 435-6084 Courriel : alainb@charlevoix.net www.quebecweb.com/aubergest-jean	Table d'hôte de 19,95$ à 24,95$ À la carte de 8,95$ à 19,95$ Carte des vins de 16$ à 60$ Ouvert toute l'année, tous les jours de 8 h à 21 h Visa - MasterCard - AmEx - Paiement direct

4. Auberge du ravage, Pourvoirie du Lac Moreau Inc.

M. Jacquelin Tremblay, propriétaire
M. Frank Weissmuller, chef

Au coeur de la pourvoirie, l'Auberge du Ravage arbore une architecture de style scandinave. Site enchanteur, accueil chaleureux, table gastronomique, vue imprenable sur le lac des Bouleaux. Chacun des plats servis à l'auberge représente une innovation en soi, un mariage unique qui s'inspire de la grande tradition française et du patrimoine régional québécois.

Par la route 138, St-Urbain, 381 Nord sur 55 km. Tournez à droite et empruntez la route forestière 14 km.

Auberge du Ravage, Pourvoirie du Lac Moreau, C.P. 156 Saint-Urbain (Québec) GOA 4KO Tél/fax : (418) 665-4400 Tél : (418) 439-3695 Courriel : ravage@cite.net	Table d'hôte de 26,95$ à 38,95$ Carte des vins de 28,95$ à 215,95$ Ouvert toute l'année, sauf en avril Visa - MasterCard - AmEx

5. Le veau de Charlevoix

M. Jean-Robert Audet, propriétaire

Notre entreprise se prête à l'élevage, l'abattage et la transformation du veau. Goûtez à la saveur de Charlevoix. Un veau se nourrit de lait et de grains qui donne une viande rose de teinte égale, ferme, tendre, maigre et d'une saveur délicate mais bien marquée. Vous trouverez sur place un comptoir de vente offrant des produits de charcuterie et de la viande en coupe.

De Québec : empruntez la route 138 en direction de Charlevoix. Parc industriel de Clermont.

Le Veau de Charlevoix **4, rue Desbiens** **Clermont (Québec) G4A 1B9** **Tél : (418) 439-4258** **Fax : (418) 439-4061**	**Ouvert du lun au ven** **de 8 h à 12 h et de 13 h à 17 h**

6. Le Jardin des Chefs

M. Jean Leblond, James Harvey et Luc Tremblay, propriétaires
M. Guy Bessone, chef conseiller

Véritable laboratoire de recherche, le Jardin des Chefs se veut un soutien à la créativité des chefs par l'innovation en matière de produits maraîcher : pétales de fleurs, mesclun gastronomique, minis légumes divers et uniques, topinambours, poirées, fenouils, betteraves jaunes, patates «virgule» ou «rate», etc. Légumes rares ou anciens, souvent transformés «prêt à servir.»

On voit bien Les Jardins en descendant la grande côte des Éboulements, menant à Saint-Joseph-de-la-Rive et l'Isle-aux-Coudres.

Le Jardin des Chefs **53-55, rang Centre** **Les Éboulements (Québec) G0A 2M0** **Tél : (418) 635-2333** **Fax : (418) 635-2778**	**Ouvert de mai à oct**

BROCHETTES DE VEAU DE LAIT AUX AROMES DE FRAMBOISE

Temps de préparation 15 min - Temps de cuisson 15 min
Nombre de portions 4 - Préparation : Moyen

600 gr . . . . de cubes de veau de lait *
16 . . . . tomates cerise
1 . . . . oignon espagnol coupé en morceaux de même taille que le veau
1/2 . . . . casseau de framboises
50 ml . . . . de vinaigre de framboises
100 ml . . . . de boisson artisanale Le Ricaneux (disponible à la SAQ)
2 c. . . . . à soupe de miel de fleurs sauvages
1 c. . . . . à thé de beurre
8 . très belles framboises (pour embrocher sur les deux extrémités de la brochette)
100 ml . . . . de sauce demi glace
. . . . sel et poivre au goût

1. Dans une casserole, faire chauffer les framboises avec le vinaigre, le Ricaneux, le miel et le beurre . . . .

2. Monter les cubes de veau, l'oignon et les tomates sur quatre brochettes. Les ranger dans un plat rectangulaire et les recouvrir avec le mélange obtenu au point 1. Laisser mariner 4 heures au réfrigérateur . . . .

3. Sortir les brochettes et les laisser s'égoutter. Ajouter une framboise à chaque extrémité de la brochette et les cuire sur le gril du BBQ . . . .

4. Pendant la cuisson, faire chauffer la préparation de marinade, ajouter la sauce demi glace et cuire 5 minutes. Passer le tout au mélangeur et au tamis . . . .

5. Servir la sauce obtenue avec les brochettes déposées sur un lit d'orge perlé . . .

** Utiliser des cubes à brochettes et non des cubes à braiser.*

MOUSSELINE AU MIEL ET COULIS DE FRAMBOISES

Quantité : 6 portions - Préparation : 20 minutes
Refroidissement : 2h - Degré de difficulté : moyen

60 ml (¼ tasse) .... d'eau froide
1 .... sachet de gélatine
4 .... jaunes d'oeufs
180 ml (¾ tasse) .... de miel chaud
250 ml (1 tasse) .... de crème 35%
250 ml (1 tasse) .... de framboises
30 ml (2 c. à soupe) .... de sucre
.... jus de 1 citron
6 .... framboises
.... feuilles de menthe fraîche au goût

Verser l'eau dans un bol ....
Saupoudrer de gélatine et laisser gonfler 5 minutes ....
Dans un autre bol, battre les jaunes d'oeufs avec le miel chaud ....
Ajouter la gélatine et remuer jusqu'à ce qu'elle soit dissoute ....
Laisser refroidir ....
Dans un autre bol, fouetter la crème jusqu'à la formation de pics fermes ....
Incorporer la crème fouettée à la préparation refroidie, en pliant à l'aide d'une spatule de caoutchouc ....
Verser dans six ramequins beurrés ....
Réfrigérer 2 heures, jusqu'à ce que la mousseline soit prise ....
Pendant ce temps, passer au mélangeur les framboises, le sucre et le jus de citron jusqu'à consistance lisse ....
Passer ce coulis au tamis et réfrigérer ....
Démouler la mousseline dans des assiettes individuelles ....
Garnir chaque portion d'une framboise et de feuilles de menthe ....
Décorer de coulis de framboises ....

CHAUDIÈRE-APPALACHES

«La cuisine de cette région, de caractère rural, est intimement liée, suivant les saisons, à la production agricole locale. Ainsi, il y a le temps du "veau des bois", le temps du lard, le temps du boeuf, le temps des fruitages et le temps des sucres.»[1]

Dominée par les sommets boisés des Appalaches, traversée par de grandes rivières, cette belle région, où s'inscrit la Beauce, s'étend sur la rive sud du Saint-Laurent. Elle est enclavée entre les Bois-Francs, les Cantons-de-l'Est et la frontière des États-Unis.

Région de tradition et d'innovation, la région de Chaudière-Appalaches a su développer, au fil des ans, une cuisine distincte. Elle est à l'image de la région : les mets traditionnels y côtoient les plats inédits.

Cette cuisine s'inspire des ressources abondantes de la région, dont l'érable à sucre, que l'on trouve ici en grande quantité. Toute une gamme de plats à base de sirop et de sucre d'érable a été élaborée. Au printemps, à l'occasion des «parties de sucre» on peut déguster des plats traditionnels : jambon à l'érable et oeufs dans le sirop. Il est aussi possible de se délecter, toute l'année, de plats nouveaux et d'un éventail de desserts au sirop d'érable.

La région de Chaudière-Appalaches se distinguant également par l'importance et la diversité de sa production agricole, la cuisine régionale y puise largement pour composer une variété de plats saisonniers. Exemple de cette diversité : aux productions traditionnelles de boeuf, de veau, de porc et de volaille, sont venues s'ajouter, depuis quelques années, de nouvelles productions animales. La dinde, la caille, le faisan, la pintade, le lapin et même le sanglier, le bison, l'autruche, sans oublier la truite, entrent maintenant dans le répertoire culinaire de cette région.

[1]Institut de tourisme et d'hôtellerie du Québec, *Cuisine traditionnelle des régions du Québec,* Les Éditions de l'homme, Les Publications du Québec.

CHAUDIÈRE-APPALACHES

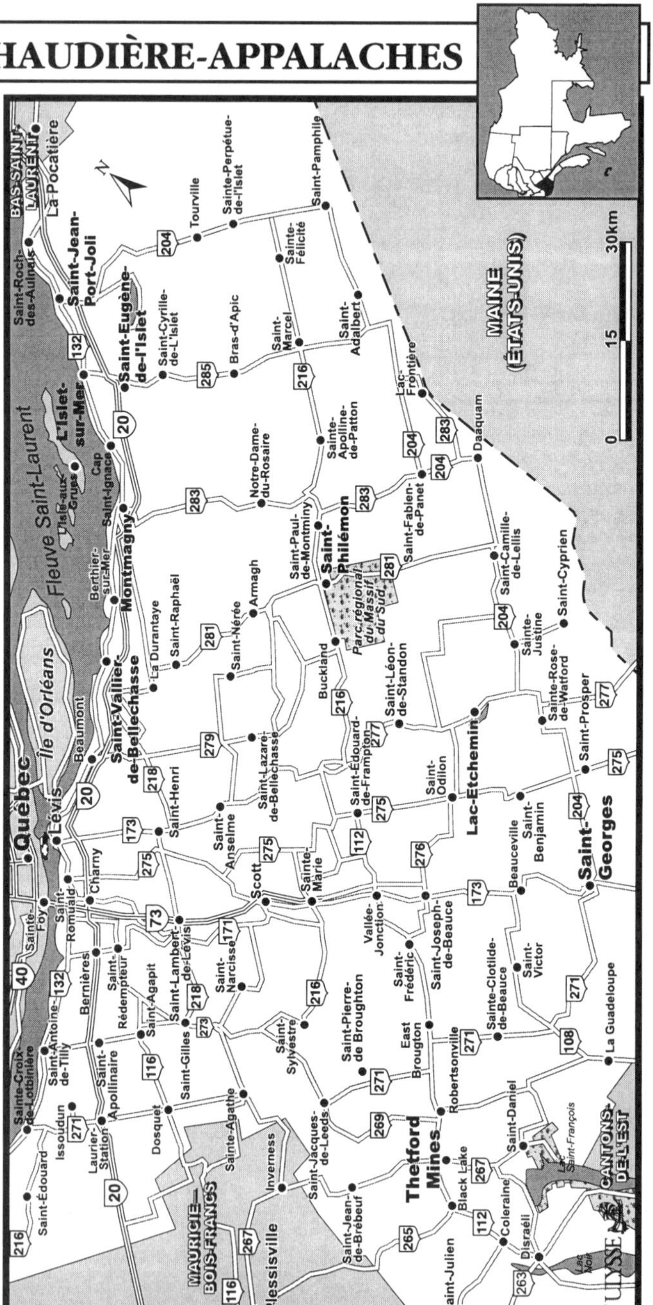

1. Auberge et Môtel Benedict Arnold

M. Neil Mathieu, propriétaire

En activité depuis 50 ans, notre unique auberge en Beauce est sise sur un immense terrain dans les limites de Ville St-Georges. Nous vous offrons six choix variés en table d'hôte, dont notre spécialité, la côte de boeuf. Le filet de porc aux pommes et le filet de porc à l'érable comptent également parmi nos spécialités.

Auberge et Motel Benedict Arnold **18255, boul. Lacroix** **Saint-Georges-de-Beauce** **(Québec) G5Y 5B8** **Tél : (418) 228-5558** **Fax : (418) 227-2941**	**Table d'hôte de 18,95$ à 25,95$** **À la carte de 12,95$ à 24,95$** **Carte des vins de 18$ à 200$** **Ouvert tous les jours de 17 h à 22 h** **Visa - MasterCard - AmEx**

2. Café La Coureuse des Grèves

Mmes Johanne Pelletier et Luce Cloutier Bourgault, propriétaires
M. Patrick Gonfond, chef

Notre restaurant est installé dans le cadre d'une maison typique où les habitués savent profiter d'une ambiance chaude et calme : l'accueil est hautement professionnel afin de mettre en valeur les qualités de notre chef Patrick. L'un des plus grands rendez-vous gastronomiques de la Côte-du-Sud!

À 100 km de Québec, direction est, sortie 414 de l'autoroute 20; à 1 km en direction du fleuve. Le restaurant est facilement reconnaissable à son importante toiture d'un bleu très visible.

Café La Coureuse des Grèves **300, route 204** **St-Jean-Port-Joli (Québec) G0R 3G0** **Tél/fax : (418) 598-9111**	**Table d'hôte de 12,95$ à 29,95$** **À la carte de 6,95$ à 29,95$** **Carte des vins de 15$ à 94$** **Ouvert toute l'année** **Haute saison : 8 h à 23 h** **Basse saison : 8 h à 22 h** **Visa - MasterCard - AmEx - Paiement direct**

3. La Roche à Veillon

La commission touristique du Port-Joli inc.

La Roche à Veillon, c'est le nom de notre théâtre d'été. Depuis sa constitution, la Commission touristique du Port-Joli voit à promouvoir le tourisme dans notre région et ne cesse de consacrer son énergie à la satisfaction de vos désirs et de votre appétit. On y ajouta donc un restaurant : La Boutisfaille.

La Roche à Veillon **547, avenue de Gaspé Est** **Saint-Jean-Port-Joli** **(Québec) G0R 3G0** **Tél : (418) 598-3061** **Fax : (418) 598-3080**	**Table d'hôte de 9,40$ à 16,95$** **À la carte de 4,95$ à 9,90$** **Carte des vins de 3,75$ à 14,95$** **Ouvert tous les jours de 8 h à 24 h** **Visa - MasterCard - AmEx**

4. Le Georgesville

Le Groupe Hervé Pomerleau, propriétaire
M. Guy Lamy, chef

À une heure au sud de Québec.

Remontez le courant de la Chaudière et découvrez l'exclusive gastronomie beauceronne à la salle à manger Le Georgesbourg ou en écoutant une musique d'ambiance dans un décor raffiné au bar-croissanterie Le Courant.

Le Georgesville **300, 118e Rue** **Saint-Georges (Québec) G5Y 3E3** **Tél : (418) 227-3000** **Fax : (418) 228-4110** **Courriel :** **gville@globetrotter.net**	**Table d'hôte de 19,95$ à 29,95$** **À la carte de 5,95$ à 15,95$** **Carte des vins de 19,95$ à 160$** **Ouvert toute l'année, tous les jours** **Visa - MasterCard - AmEx - Paiement direct**

À l'abbaye de Saint-Benoît-du-Lac, située dans les Cantons-de-l'Est, on brasse de l'excellente bière en plus de produire un chocolat divin.
– Jocelyn Blouin Tourisme Québec

Magret de canard fermier au beurre d'érable
p. 36 - *MAPAQ*

La région de Duplessis se prête très bien à la navigation en kayak de mer, ce kayakiste ayant même eu la chance d'y faire la connaissance d'une baleine.
– Sylvain Majeau Tourisme Québec

Pétoncles caramélisés aux saveurs d'érable

p. 59 - MAPAQ

Cette vue aérienne de la région de Percé illustre bien la raison pour laquelle, bon an mal an, tant de visiteurs se rendent presque religieusement au fameux rocher Percé.
– *Sébastien Cloutier*
Tourisme Québec

Médaillons de saumon de Saint-Omer
p. 23 *- MAPAQ*

Les Laurentides se veulent un véritable havre où la sérénité des paysages procure un profond recueillement.
– Heiko Wittenborn Tourisme Québec

Soupe aux petits fruits des Laurentides
p. 103 - MAPAQ

5. Le Manoir Lac Etchemin

Mme Claude Jolin, propriétaire

Au Manoir Lac Etchemin, vous retrouverez la chaleur et le confort d'une auberge campagnarde au coeur d'une région débordante d'activités. Devant une vue imprenable sur le lac, venez déguster nos spécialités «grillades et fruits de mer» à notre salle à manger l'Euphorie. Vous serez charmés par notre accueil et notre service courtois.

De Montréal, par l'aut. 20 : prenez la sortie de l'aut. de la Beauce (73) jusqu'à St-Joseph-de-Beauce. À la fin de l'aut. tournez sur la 276 Sud en dir. de Lac-Etchemin. De Québec : prenez l'aut. de la Beauce et suivez le même trajet jusqu'à Lac-Etchemin.

Le Manoir Lac Etchemin **187, 3e avenue** **Lac-Etchemin (Québec) G0R 1S0** **Tél : (418) 625-2101** **sans frais : 1-800-463-8489** **Fax : (418) 625-5424** **Courriel : manoir@belin.qc.ca**	**Table d'hôte à partir de 24,95$** **À la carte de 8,95$ à 39,95$** **Carte des vins à partir de 24,50$** **Ouvert toute l'année** **Visa - MasterCard - AmEx - Paiement direct**

6. Manoir des Érables

M. Jean Cyr, propriétaire
M. Martin Boucher, chef

Le Manoir des Érables a été l'un des premiers établissements au Québec à exploiter les produits régionaux pour le développement d'une cuisine québécoise authentique. Chaque année, les menus sont créés en harmonie avec les saisons, les produits du terroir ainsi que la carte des vins. Récipiendaire du «Prix de la Gastronomie» depuis 1995.

Autoroute 20 Est, sortie 376 à gauche à la sortie de l'autoroute sur le chemin des Poirier, faites 2 km ; au feu de circulation, à droite sur le boul. Taché (route 132), faites 2 km. Le Manoir est à votre droite.

Manoir des Érables **220, boul. Taché Est** **Montmagny (Québec) G5V 1G5** **Tél : (418) 248-0100** **Fax : (418) 248-9507** **Courriel : erable@globetrotter.qc.ca**	**Table d'hôte de 32,95$ à 44,95$** **À la carte de 24,95$ à 32,95$** **Carte des vins 30$ et plus** **Ouvert toute l'année** **Visa - MasterCard - AmEx - Paiement direct**

7. Restaurant La Paysanne

M. Jean-Marc Cloutier, propriétaire
M. Pascal Androdias, chef

Restaurant et hébergement en bordure du fleuve. Coucher de soleil à faire rêver. Fine cuisine mettant en valeur les produits du terroir québécois. Forfaits possibles.

Autoroute 20, sortie 400.

Restaurant La Paysanne **497, rue des Pionniers Est** **L'Islet-sur-Mer (Québec) G0R 2B0** **Tél : (418) 247-7271** **Fax : (418) 247-7278** **Courriel : paysa@quebectel.com**	**Table d'hôte de 17,95$ à 27,95$** **À la carte de 8,75$ à 18,75$** **Carte des vins de 18,75$ à 39,75$** **Visa - MasterCard - Paiement direct**

8. Auberge des Glacis

M. et Mme Micheline et Pierre Watters, propriétaires
M. Pierre Watters, chef

Cet ancien moulin seigneurial vous séduira par son ambiance chaleureuse, son décor champêtre et sa table gastronomique. Située au coeur d'un vaste domaine, l'auberge bénéficie d'un environnement exceptionnel. Divers forfaits sont également offerts.

Sur la rive Sud du fleuve, à 1 h de Québec. À la sortie 400 de l'autoroute 20 Est, tournez à gauche vers St-Eugène, à gauche sur le rang Lamartine et à gauche de nouveau sur la route Tortue.

Auberge des Glacis **46, route Tortue** **Saint-Eugène L'Islet** **(Québec) G0R 1X0** **Tél : (418) 247-7486** **Fax : (418) 247-7182**	**Table d'hôte de 26$ à 40$** **Carte des vins de 22$ à 100$** **Ouvert toute l'année** **Visa - MasterCard - AmEx - Paiement direct**

9. Restaurant Le Grand Duc

Liberté TM inc., propriétaire
M. Éric Garand, chef

Superbe site alliant les avantages de la ville à ceux de la campagne, une ambiance chaleureuse et un menu abordable et délectable. Mettant en valeur la cuisine régionale, la carte est composée de fondues, grillades, fruits de mer, oeufs de caille, etc. Nous offrons à notre clientèle plusieurs salons privés et semi-privés pour les réunions d'affaires ou les rencontres entre amis.

Prenez la route 112 jusqu'à Thetford Mines, empruntez la route 267 Ouest (St-Alphonse) jusqu'au chemin Bois-Francs, tournez à droite (nord) et rendez-vous au 171 chemin Bois-Francs Nord.

Restaurant Le Grand Duc **171, chemin Bois-Francs Nord** **Thetford Mines (Québec) G6G 6G7** **Tél : (418) 332-8382** **Fax : (418) 338-5361** **Courriel : falica@minfo.net**	**Table d'hôte de 16,95$ à 26,95$** **À la carte de 6,95$ à 26,95$** **Carte des vins de 19,95$ à 59,95$** **Ouvert toute l'année, mer au dim** **17 h 30 à la fermeture ou sur réservation** **Visa - MasterCard - Paiement direct**

10. Gilles Savard Traiteur

M. Gilles Savard, propriétaire et chef

Service de traiteur haut de gamme. Plusieurs salles accessibles. Vue imprenable sur la ville. Cinq points de service dans la région.

Autoroute 20, sortie 228, direction Thetford Mines.

Gilles Savard Traiteur **800, St-Alphonse Est** **Thetford Mines (Québec) G6G 2P1** **Tél : (418) 338-4149** **Fax : (418) 334-0129** **Courriel : bouffe@minfo.net** **www.gsavard.qc.ca**	**Table d'hôte de 12$ à 20$**

11. BOULANGERIE PÂTISSERIE ARTISANALE LA LEVÉE DU JOUR

M. Pierre Duchesne et Mme Christiane Gagnon, propriétaires et chefs

C'est dans une maison centenaire que l'on vous accueille chaleureusement dans notre petit café de 20 places, non-fumeur, pour déguster en toute simplicité des repas sains et légers tels que petits déjeuners gourmands, potages maison, quiches, tourtes, pâtés, café express. Durant la saison estivale, une terrasse de 40 places s'ajoute. Faites aussi la découverte de nos pains inventifs.

Autoroute Jean-Lesage (20), sortie St-Vallier, ou route 132, entre Lévis et Montmagny; nous sommes situés en plein cœur du village de St-Vallier.

Boulangerie Pâtisserie Artisanale La Levée du Jour 344, rue Principale Saint-Vallier de Bellechasse (Québec) G0R 4J0 Tél : (418) 884-2715 Fax : (418) 884-4264	**Table d'hôte de 5,75$ à 7,99$ À la carte de 3,99$ à 19,99$ Ouvert toute l'année Printemps-été : mardi au dim 7 h à 21 h Automne-hiver : mer au dim 7 h à 19 h Paiement direct**

12. PISCICULTURE DES ALLÉGHANYS

M. Yves boulanger et Mme Mireille Roy, propriétaires

Dans le comté de Bellechasse, à moins de 100 km de Québec, nous pratiquons l'élevage de la truite arc-en-ciel, de l'omble fontaine et de l'omble chevalier, depuis l'oeuf jusqu'à la truite adulte. Nous procédons ensuite à la transformation de nos produits dans notre usine.

Laisser l'autoroute 20 à la sortie Saint-Michel-la-Durantaye (348). Suivre la route 281 Sud jusqu'à Saint-Philémon. Notre ferme est à 5 km passé le village, sur la 281 Sud.

Pisciculture des Alléghanys 2755, Grande Ligne Saint-Philémon (Québec) G0R 4A0 Tél : (418) 469-2823 Fax : (418) 469-2872 Courriel : alleghan@quebectel.com	**Ouvert tous les jours de 8 h à 17 h Nos produits sont vendus frais Prière de réserver**

13. Ferme Brasserie Schoune

M. Marcel Schoune, propriétaire

de la terre à la bière

FERME BRASSERIE
SCHOUNE
FARM BREWERIES

De la terre à la bière... Découvrez le goût de nos bières Blonde, Ambrée, Forte, Belge et Beauceronne à l'érable.

Ferme Brasserie Schoune inc. **295, rue Industrielle** **Saint-Odilon (Québec) G0S 3A0** **Tél : (418) 464-2668** **Fax : (418) 464-2667**	**Ouvert du lun au ven, de 8 h à 17 h**

Petites bouchées au porc haché et fruits séchés

Donne 40 bouchées

---

60 ml (4 c. à soupe) . . . . huile d'olive
250 g (½lb) . . . . porc du Québec haché maigre
2 . . . . échalotes sèches hachées
1 . . . . œuf
15 ml (1 c. à soupe) . . . . poudre de cari
6 . . . . pruneaux hachés OU
45 ml . . . . canneberges ou bleuets ou cerises séchés hachés
15 ml . . . . coriandre fraîche hachée
15 ml . . . . ciboulette
40 . . . . mini vol-au-vent (hors-d'oeuvre), cuits
1 . . . . tomate italienne en petits dés
. . . . sel et poivre au goût
. . . . herbes fraîches au goût

Faire chauffer la moitié de l'huile d'olive sur feu moyen-vif et faire revenir le porc haché et l'échalote durant 4 à 5 minutes . . . .
Laisser tiédir un peu hors du feu . . . .
Dans un saladier, mélanger le porc haché avec l'oeuf, le cari, les fruits et les herbes. Façonner en 40 boulettes . . . .
Faire cuire au four 3 à 4 minutes sur une plaque à 160 ° C (325 °F) . . . .
Garnir le fond des vol-au-vent avec les dés de tomates mélangés au reste de l'huile d'olive . . . .
Ajouter les petites boulettes de viande et réchauffer,2 à 3 minutes au four à 150 °C (300 °F) . . . .
Garnir d'herbes fraîches au choix et servir . . . .

CÔTE-NORD

«De nos jours encore, les gens pêchent l'éperlan à l'abri dans des cabanes érigées sur les glaces. Le capelan continue d'attirer les foules lorsqu'il roule à la marée montante, étourdi par les feux de grève.»[1]

La Côte-Nord occupe un territoire immense, de Tadoussac à Blanc-Sablon en longeant le Saint-Laurent et jusqu'à Schefferville en montant vers le nord.

La forêt, la mer, les lacs et les rivières sont les pourvoyeurs de produits qui enrichissent les traditions culinaires. La chasse, la trappe et la pêche sont pratiquées depuis toujours. Seules ont changé les manières d'apprêter le caribou, le lièvre ou la perdrix. Le loup marin, que les habitants des Escoumins chassaient au printemps, reprend la faveur du public, qui l'avait abandonné. Tous les poissons, mollusques et crustacés dont regorgent les eaux du Saint-Laurent sont aussi prisés. Et que dire du saumon qui remonte dans des rivières réputées.

On connaît bien la crevette nordique et le crabe des neiges. On connaît moins la mactre de Stimpson, le couteau de mer, le buccin, la mye, le concombre de mer et le petit pétoncle, qui sont pêchés tout le long de la côte, de Tadoussac à Mingan. Ces produits sont exportés vers le Japon. Les cuisiniers de la Côte-Nord se concertent pour développer une cuisine régionale qui les met en valeur.

Dans ces immenses territoires, la cueillette est une activité pratiquée de tout temps. Les petits fruits sauvages abondent : la catherinette, le bleuet, les lingonnes et la fameuse chicouté, qui pousse dans les tourbières et avec laquelle on fait d'excellentes confitures et une boisson alcoolisée. C'est une baie que l'on appelle aussi «plaquebière» et que chante Gilles Vigneault.

[1]Institut de tourisme et d'hôtellerie du Québec, *Cuisine traditionnelle des régions du Québec,* Les Éditions de l'homme, Les Publications du Québec.

CÔTE-NORD

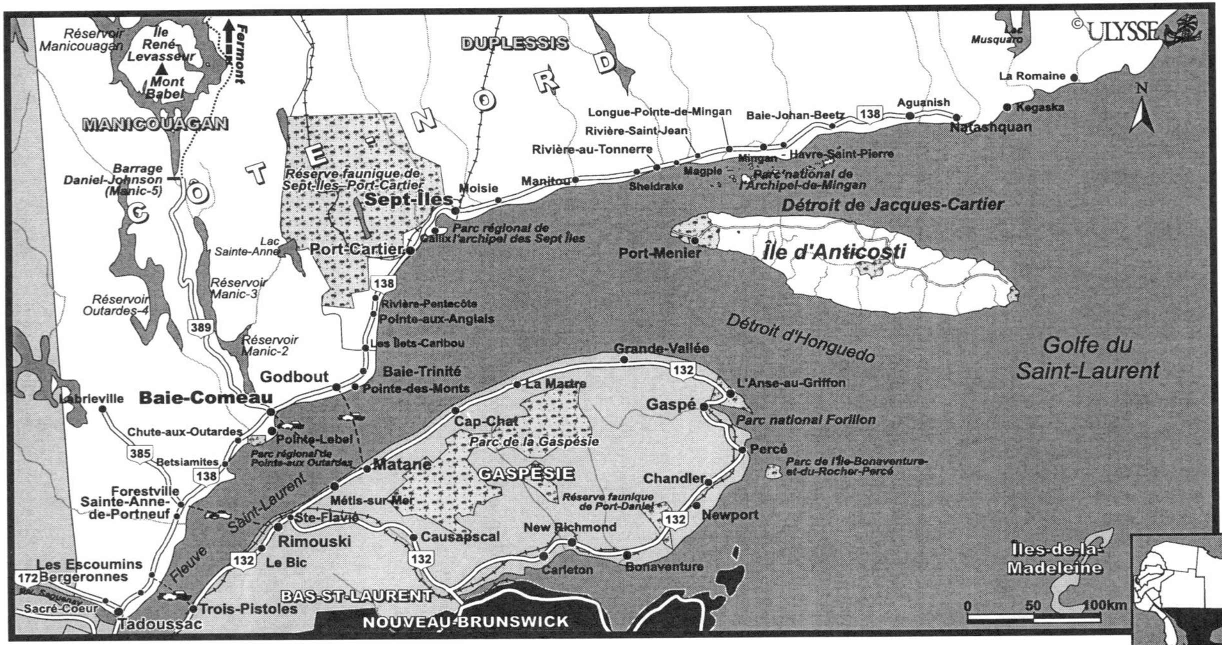

©ULYSSE
Réservoir Manicouagan
Île René-Levasseur
Mont Babel
Fermont
MANICOUAGAN
DUPLESSIS
CÔTE-NORD
Barrage Daniel-Johnson (Manic-5)
Réserve faunique de Sept-Îles–Port-Cartier
Sept-Îles
Moisie
Manitou
Rivière-au-Tonnerre
Rivière-Saint-Jean
Longue-Pointe-de-Mingan
Sheldrake
Magpie
Mingan
Havre-Saint-Pierre
Parc national de l'Archipel-de-Mingan
Baie-Johan-Beetz
Aguanish
Natashquan
Kegaska
La Romaine
Lac Musquaro
Détroit de Jacques-Cartier
Parc régional de l'archipel des Sept Îles
Gallix
Port-Cartier
Lac Sainte-Anne
Port-Menier
Île d'Anticosti
Réservoir Manic-3
Réservoir Outardes-4
Réservoir Manic-2
Rivière-Pentecôte
Pointe-aux-Anglais
Les Îlets-Caribou
Baie-Trinité
Pointe-des-Monts
Godbout
Baie-Comeau
Labrieville
Chute-aux-Outardes
Pointe-Lebel
Parc régional de Pointe-aux-Outardes
Betsiamites
Forestville
Sainte-Anne-de-Portneuf
Les Escoumins
Bergeronnes
Sacré-Cœur
Tadoussac
Détroit d'Honguedo
Golfe du Saint-Laurent
Grande-Vallée
La Martre
Cap-Chat
Parc de la Gaspésie
Matane
GASPÉSIE
Métis-sur-Mer
Ste-Flavie
Rimouski
Le Bic
Trois-Pistoles
Causapscal
New Richmond
Carleton
Bonaventure
Réserve faunique de Port-Daniel
Chandler
Newport
Percé
Parc de l'Île-Bonaventure-et-du-Rocher-Percé
Parc national Forillon
Gaspé
L'Anse-au-Griffon
Fleuve Saint-Laurent
BAS-ST-LAURENT
NOUVEAU-BRUNSWICK
Îles-de-la-Madeleine
0 50 100km
N
138
389
385
132
172

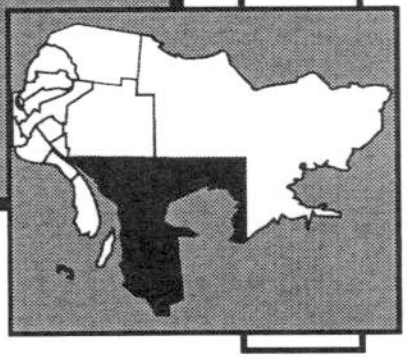

CÔTE-NORD

1. Le Bon Bistro

M. Roger Calvert et Mmes Lise V. Lemieux et Julie Porlier, propriétaires
Mme Lise V. Lemieux, chef

Lauréat Table d'argent, catégorie Développement de la restauration québécoise, Grand prix du Tourisme québécois 1998, Le Bon Bistro vous accueille dans l'ambiance d'une vieille maison ancestrale pour vous servir une fine cuisine régionale où les produits frais tels que les fruits de mer, poissons, moules et gibiers sont à l'honneur.

Arrivé à Sept-Îles sur le boulevard Laure (route 138), descendez la rue Régneault vers la mer jusqu'à Brochu, puis tournez à gauche et vous y êtes.

Le Bon Bistro **588, rue Brochu** **Sept-Îles (Québec) G4R 2X3** **Tél : (418) 968-3777** **Fax : (418) 962-7771** **Courriel : lebonbis@globetrotter.net**	**Table d'hôte de 18,95$ à 34,95$** **À la carte de 14,95$ à 27,95$** **Carte des vins de 21$ à 62$** **Ouvert tous les soirs** **de 17 h à 22 h** **Visa - MasterCard - En Route - Paiement direct**

2. Hôtel Le Manoir

M. Gaston Gendron et Daniel Levesque, propriétaires
M. Luc Sohier, chef

Vieux manoir de style colonial français possédant plus d'une cinquantaine de chambres. Notre salle à manger a remporté le prix de la gastronomie aux «Grands Prix du tourisme régionaux» durant 5 années consécutives de 1993 à 1997. Vue imprenable sur le fleuve Saint-Laurent.

Route 138, centre-ville de Baie-Comeau sur le bord du fleuve Saint-Laurent.

Hôtel Le Manoir **8, rue Cabot** **Baie-Comeau (Québec) G4Z 1L8** **Tél : (418) 296-3391** **Fax : (418) 296-1435**	**Ouvert toute l'année, tous les jours** **6 h 30 à 22 h** **Visa - MasterCard - AmEx - Paiement direct**

SALADE DE BUCCINS

Quantité : 8 portions - Préparation : 40 minutes
Cuisson : 1h15 minutes - Degré de difficulté : moyen

1 L (4 tasses) .... d'eau
1 L (4 tasses) .... de vin blanc
1 .... carotte
1 .... bouquet garni (thym, perçu, laurier)
½ .... oignon
½ .... branche de céleri
15 ml (1 c. à soupe) .... de gros sel
2 kg (4 lb) .... de buccins
1 .... échalote verte hachée
1 .... tomate en petits dés
1 .... petit piment jalapeño en dés
1 .... oignon moyen en dés
½ .... poivron rouge en dés
½ .... poivron jaune en dés
.... Jus de 3 limes
45 ml (3 c. à soupe) .... d'huile d'olive
1 .... laitue frisée défaite en feuille
.... Œufs de caille pour décorer

Préparer le court-bouillon en versant l'eau et le vin blanc dans une grande casserole
Ajouter la carotte, le bouquet garni, l'oignon, le céleri et le gros sel ....
Amener à ébullition et maintenir celle-ci 15 minutes pour répartir les saveurs ...
Nettoyer les buccins dans l'eau froide et les plonger dans le court-bouillon .....
Ramener ce dernier à ébullition et réduire aussitôt la chaleur ....
Laisser mijoter 1 heure à feu doux ....
Réfrigérer les buccins de 3 à 4 heures dans le bouillon ....
Pendant ce temps, mélanger l'échalote verte, la tomate, le piment, l'oignon, les poivrons et le jus des limes ....
Laisser mariner de 3 à 4 heures au réfrigérateur ....
Sortir les buccins de leur coquille avec une épingle, puis les couper en fines rondelles
Les ajouter à la préparation de légumes marinés ....
Mélanger délicatement ....
Mélanger l'huile d'olive et les feuilles de laitue ....
Répartir celles-ci dans les assiettes ....
Déposer dans chacune quelques cuillerées de salade de buccins ....
Décorer chaque portion d'œufs de caille ....

Pétoncles Caramélisés Aux Saveurs d'Érable

20	pétoncles (si possible, frais)
1 c. à soupe	de beurre doux
1 c. à soupe	de sucre d'érable
1	pincée de sel
100 ml	de vin blanc sec
100 ml	de fumet de poisson
150 ml	de crème 35%
	cerfeuil et aneth (en quantité suffisante)
	fleurs de brocoli (en quantité suffisante)

Faire chauffer le beurre dans une poêle . . . .
Déposer les pétoncles pour les cuire une minute de chaque côté . . . .
Réserver au chaud . . . .
Saupoudrer le sucre d'érable dans la poêle et laisser caraméliser le sucre . . . . . .
Ajouter le fumet et le vin blanc et laisser réduire des deux tiers . . . .
Ajouter la crème et laisser réduire jusqu'à bonne consistance . . . .
Disposer harmonieusement 5 pétoncles par assiette ajouter un peu de sauce . . . .
Décorer avec cerfeuil et aneth . . . .
Ajouter quelques fleurs de brocoli juste blanchi . . . .

GASPÉSIE

«La Gaspésie, pays plein de richesse et de possibilités, a connu une vie dure qui a façonné le caractère de ses habitants. Région éloignée, elle sut se créer des habitudes alimentaires, fondées sur la possibilité de se trouver des produits frais, notamment gibier et poisson.»[1]

De Mont-Joli à la Baie-des-Chaleurs, en passant du fleuve au golfe, le Saint-Laurent dessine le Québec maritime. Au milieu du golfe du Saint-Laurent, le grand archipel arachnéen des Îles-de-la-Madeleine, c'est le Québec maritime.

Partout, les espèces marines sont largement représentées. Que ce soit le saumon qui remonte des rivières aux noms connus, la crevette nordique (que l'on débarquait à Matane), la morue, le maquereau, le hareng.

L'agriculture et l'élevage fournissent une gamme de produits que l'on retrouve dans les plats régionaux. À côté de Gaspé un troupeau de chèvres permet une production fromagère intéressante. De petits entrepreneurs tentent l'expérience de productions biologiques ou artisanales. La région est aussi connue pour sa production de choucroute.

«Bien que peu importante en termes de production végétale, la Gaspésie s'illustre cependant en horticulture ornementale (en conteneur), étant même principale région productrice d'arbustes en conteneur. Les exploitations agricoles se consacrent principalement à l'élevage des bovins de boucherie et des ovins.»[2]

[1]Institut de tourisme et d'hôtellerie du Québec, *La cuisine traditionnelle des régions du Québec*, Les Éditions de l'homme, Les Publications du Québec.

[2] *Profil des exploitations agricoles*, 1995, MAPAQ

GASPÉSIE

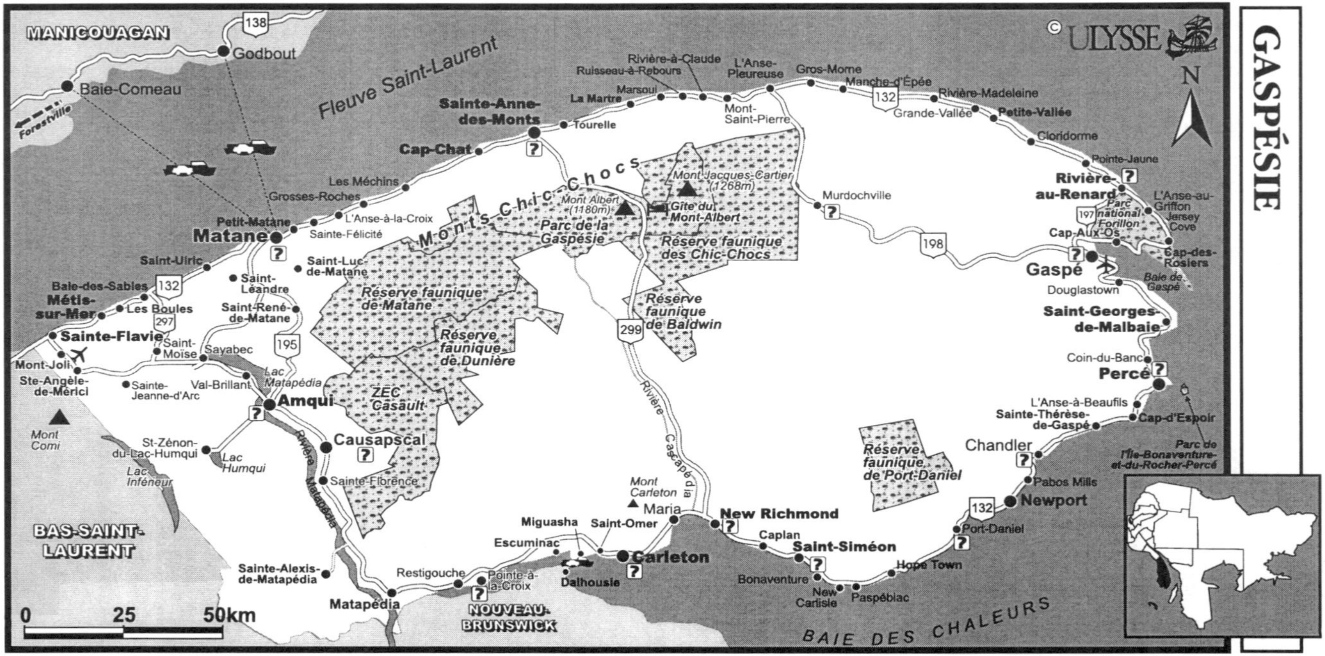

© ULYSSE
N
MANICOUAGAN
138
Godbout
Baie-Comeau
Forestville
Fleuve Saint-Laurent
Sainte-Anne-des-Monts
Tourelle
La Martre
Marsoui
Ruisseau-à-Rebours
Rivière-à-Claude
L'Anse-Pleureuse
Mont-Saint-Pierre
Gros-Morne
Manche-d'Épée
132
Grande-Vallée
Rivière-Madeleine
Petite-Vallée
Cloridorme
Pointe-Jaune
Rivière-au-Renard
L'Anse-au-Griffon
Jersey Cove
Parc national Forillon
197
Cap-Aux-Os
Cap-des-Rosiers
Gaspé
Baie de Gaspé
Douglastown
Saint-Georges-de-Malbaie
Coin-du-Banc
Percé
L'Anse-à-Beaufils
Sainte-Thérèse-de-Gaspé
Cap-d'Espoir
Parc de l'Île-Bonaventure-et-du-Rocher-Percé
Chandler
Pabos Mills
Newport
Port-Daniel
Hope Town
Paspébiac
New Carlisle
Bonaventure
Saint-Siméon
Caplan
New Richmond
Maria
Mont Carleton
Carleton
Saint-Omer
Miguasha
Escuminac
Dalhousie
Pointe-à-la-Croix
Restigouche
NOUVEAU-BRUNSWICK
Matapédia
Sainte-Alexis-de-Matapédia
BAIE DES CHALEURS
Réserve faunique de Port-Daniel
Rivière Cascapédia
299
198
Murdochville
Mont Jacques-Cartier (1268m)
Gîte du Mont-Albert
Réserve faunique des Chic-Chocs
Mont Albert (1180m)
Parc de la Gaspésie
Réserve faunique de Baldwin
Monts Chic-Chocs
Cap-Chat
Les Méchins
Grosses-Roches
L'Anse-à-la-Croix
Sainte-Félicité
Petit-Matane
Matane
Saint-Luc-de-Matane
Réserve faunique de Matane
Réserve faunique de Dunière
ZEC Casault
Causapscal
Sainte-Florence
Rivière Matapédia
Amqui
Lac Matapédia
Val-Brillant
Sayabec
195
Saint-René-de-Matane
Saint-Léandre
Saint-Ulric
Baie-des-Sables
Métis-sur-Mer
Les Boules
297
Sainte-Flavie
Saint-Moïse
Mont-Joli
Ste-Angèle-de-Mérici
Sainte-Jeanne-d'Arc
Mont Comi
St-Zénon-du-Lac-Humqui
Lac Humqui
Lac Inféneur
BAS-SAINT-LAURENT
0
25
50km

1. Auberge Fort Prével

Société des établissements de plein air du Québec (S.E.P.A.Q)
M. Réjean Beaulieu, gestionnaire

L'auberge vous offre, en plus d'une vue sur la mer, de nombreuses activités dont le golf et le tennis. Notre restaurant se distingue par son menu raffiné et ses plats régionaux harmonieusement préparés par notre chef. Fine cuisine régionale, produits de notre fumoir, saumon, moules et canard.

Auberge Fort Prével **2053, boulevard Douglas** **Saint-Georges-de-Malbaie** **(Québec) G0C 2X0** **Tél : (418) 368-2281** **Sans frais : 1-888-377-3835** **Fax : (418) 368-1364**	**Table d'hôte 26,95$** **À la carte de 16$ à 35$** **Carte des vins de 21$ à 38$** **Ouvert tous les jours,** **de 7 h à 10 h 30, de 11 h 30 à 14 h** **et de 18 h à 21 h 30** **Visa - MasterCard - AmEx**

2. Auberge-Môtel Caribou

M. Guy Veillette, propriétaire

L'Auberge Caribou vous propose un séjour confortable en harmonie avec la mer. Laissez-vous envoûter par une ambiance chaleureuse. Vous apprécierez notre cuisine gaspésienne composée de mets variés dérivant des produits marins frais du jour dont notre réputée Bouillabaisse. Vous serez servis dans un ancien «fishing room» datant de 1830.

Sise à l'entrée ouest de Rivière-au-Renard (Gaspé), sur la route 132, l'Auberge Caribou est située au bord du majestueux fleuve Saint-Laurent.

Auberge-Motel Caribou **82, boul. Renard Ouest** **Rivière-au-Renard (Québec) G4X 5H1** **Tél : (418) 269-3344** **Fax : (418) 269-3237**	**Table d'hôte de 10,95$ à 25,95$** **À la carte de 15,95$ à 30,95$** **Carte des vins de 16$ à 25$** **Ouvert toute l'année, tous les jours** **6 h 30 à 10 h 30,** **11 h 30 à 14 h, 17 h 30 à 20 h** **Visa - MasterCard - AmEx - Paiement direct**

3. Capitaine Homard

M. Michel Gauvin et Mme Francine Legault, propriétaires
Mme Francine Legault, chef

Depuis 30 ans, Capitaine Homard est reconnu pour son bon homard de toutes les grosseurs. À cet endroit, situé à l'extrémité ouest de Sainte-Flavie, vous trouverez aussi une poissonnerie, un camping, un minigolf et un bar. Spécialités : homard frais du vivier, bouillabaisse, saumon fumé à l'érable, poissons selon l'arrivage quotidien.

Capitaine Homard **180, route de la Mer, C.P. 34** **Sainte-Flavie (Québec) G0J 2L0** **Tél : (418) 775-8046** **Fax : (418) 775-9308**	**À la carte de 9.95$ à 24.95$** **Carte des vins de 17.95$ à 64$** **Ouvert du 25 avril au 7 sept** **tous les jours de 11 h à 23 h** **Visa - MasterCard - AmEx - Paiement direct**

4. Le Gîte du Mont-Albert

Société des Établissements de Plein Air du Québec S.E.P.A.Q
M. Steve Deschênes, gestionnaire
M. Christian Neron, chef

Situé au cœur de la Gaspésie, le gîte du Mont-Albert et son restaurant vous offrent un menu représentatif de la fine cuisine de la région. Spécialités : gibier et poissons.

Le Gîte du Mont-Albert **C.P. 1150** **Parc de la Gaspésie** **Saint-Anne-des-Monts** **(Québec) G0E 2G0** **Tél : (418) 763-2288** **Sans frais : 1-888-270-4483** **Fax : (418) 763-7803**	**Table d'hôte (midi) 12,95$** **Table d'hôte (soirée) 31,95$** **À la carte de 16,95$ à 22,95$** **Carte des vins de 19,95$ à 319,95$** **Ouvert tous les jours** **de 7 h à 10 h,** **de 12 h à 14 h et de 18 h à 21 h 30** **Visa - MasterCard - AmEx - Paiement direct**

5. HÔTEL MOTEL BELLE PLAGE

M. Marcel Dulac, propriétaire
Mme Lucie Sauvé, chef

L'hôtel Motel Belle Plage est situé directement sur la plage et possède une salle à manger complètement vitrée. Nous vous y proposons une gastronomie régionale avec spécialité de poissons et de fruits de mer. Notre saumon fumé, quant à lui, est aprêté selon une méthode artisanale exclusive à l'hôtel Belle Plage.

De la ville de Québec, autoroute 20 Est jusqu'à Rivière-du-Loup, puis 132 Est jusqu'à Matane; après les 2e feux de circulation, cherchez notre panneau publicitaire.

Hôtel Motel Belle Plage **1310, Matane-sur-Mer** **Matane (Québec) G4W 3M6** **Tél : (418) 562-2323** **sans frais : 1-888-244-2323** **Fax : (418) 562-2562**	**Table d'hôte de 14,95$ à 25,95$** **À la carte de 16,75$ à 26$** **Carte des vins de 23$ à 48$** **Ouvert de mai à oct** **tous les jours** **7 h à 10 h 30 et 18 h à 21 h 30** **Visa - MasterCard - AmEx - Paiement direct**

6. HÔTEL MOTEL MANOIR PERCÉ

M. Renaud Bujold, propriétaire

HÔTEL•MOTEL

Manoir Percé

Au cœur de Percé, nous vous assurons un séjour inoubliable. Goûtez à l'hospitalité d'une entreprise familiale de père en fils depuis 35 ans. Jamais vous n'oublierez notre salle à manger et le service attentif que nous réservons à notre clientèle. Une cuisine raffinée, des mets savoureux, tel le saumon fumé du proprio, et que dire de notre fameuse bouillabaisse!

Hôtel Motel Manoir Percé **212, route 132** **Percé (Québec) G0C 2L0** **Tél : (418) 782-2022** **Sans frais : 1-800-463-0858** **Fax : (418) 782-5195**	**Table d'hôte de 14,95$ à 36,95$** **À la carte de 14$ à 35$** **Ouvert tous les jours,** **de 7 h à 11 h** **et de 17 h 30 à 21 h 30** **Visa - MasterCard - AmEx**

7. Hôtel La Normandie

M. et Mme Arthur et Jeannette Lemarquand, propriétaires
M. François Létourneau, chef

Cuisine régionale d'inspiration française, avec développement spécial sur les produits régionaux et la cuisine du marché. Dans une salle à manger de grand style au décor exceptionnel et une vue imprenable sur le Rocher Percé et l'Île Bonaventure.

Sur la 132 Ouest.

Hôtel La Normandie **221, Route 132 Ouest** **Percé (Québec) G0C 2L0** **Tél : (418) 782-2112** **Fax : (418) 782-2337** **Courriel :** **hnormand@globetrotter.qc.ca**	**Table d'hôte de 25,95$ à 35,95$** **Carte des vins de 22$ à 80$** **Ouvert du 9 mai au 15 octobre** **Visa - MasterCard - AmEx**

8. Hostellerie Baie Bleue

M. Richard Gingras, propriétaire
M. Yannick Ouellet, chef

Le charme de la montagne, la poésie de la mer, le confort douillet et un personnel accueillant et courtois. C'est ce que vous réserve notre établissement, dont la salle à manger «La Seigneurie», avec vue sur la mer, est le lieu de prédilection des fins gourmets.

Autoroute 20 de Québec à Rivière-du-Loup, route 132 par Amqui.

Hostellerie Baie Bleue **482, boul. Perron C.P. 150** **Carleton (Québec) G0C 1J0** **Tél : (418) 364-3355** **Fax : (418) 364-6165** **Courriel :** **baiebleu@quebectel.com**	**Table d'hôte de 15,95$ à 25,95$** **À la carte de 13,95$ à 23,95** **Carte des vins de 12$ à 800$** **mai à nov, tlj de 7 h à 11 h et de 18 h à 21 h** **jan à mars, tlj 7 h à 9 h et de 18 h à 20 h 30** **sur demande de jan à mars : motoneige** **Visa - MasterCard - AmEx - Paiement direct**

9. MOTEL AU COIN DE LA BAIE

M. Claude Cyr, propriétaire et chef

Récipiendaire du Prix de la Gastronomie de la Gaspésie 1996-97. La salle à manger offre une vue idyllique sur la baie. Salon-bar avec foyer. Ambiance chaleureuse et renommée internationale.

De Montréal ou de Québec : l'autoroute 20, la route 132; à 60 km de Rimouski et à 8 km des Jardins-de-Métis.

Motel au coin de la Baie **1140, route 132** **Métis-sur-mer (Québec) G0J 1W0** **Tél : (418) 936-3855** **Fax : (418) 936-3112**	**Table d'hôte de 36,95$ à 50,95$** **Carte des vins de 25$ à 950$** **Fête des mères à la mi-sept** **déjeuner de 8 h à 10 h** **souper de 18 h à 21 h** **Visa - MasterCard - AmEx - Paiement direct**

10. LE FLEUR DE LYS

Mme Jacqueline Rioux, propriétaire
Mme Lyne Parent, chef

Entre mer et montagnes! Profitez d'un accueil chaleureux et d'un service impeccable en toutes saisons. Le motel Fleur de Lys est reconnu pour son confort et sa cuisine régionale apprêtée avec originalité et créativité. Les douceurs du Fleur de Lys : dix-huit chambres de motel, salle à manger avec menu varié et table d'hôte, bar à soupes, cuisinettes, ski alpin, ski de randonnée, sentier de motoneige.

184 Est, Route 132, à Cap-Chat.

Le Fleur de Lys **184, Route 132, C.P. 604** **Cap-Chat (Québec) G0J 1E0** **Tél : (418) 786-5518** **Sans frais : 1-888-786-5518** **Fax : (418) 786-5067**	**Table d'hôte de 19,95$ à 23,95$** **À la carte de 6,95$ à 25$** **Carte des vins de 12$ à 50$** **Ouvert à l'année, de 7 h à 21 h** **Forfaits disponibles** **Visa - MasterCard - AmEx - Paiement direct**

GASPÉSIE

11. Restaurant La Romance

M. Maurice Gonthier, propriétaire et chef

Nous sommes situés en campagne à proximité du Lac Matapédia. Venez savourer nos spécialités (poisson, fruits de mer, agneau et grillades) tout en profitant d'une ambiance maison et un service personnalisé.

Route 132, Vallée de la Matapédia, sortie ouest Amqui. Informations touristiques, Pont Couvert 3 km à gauche.

Restaurant La Romance **801, Anse St-Jean** **Amqui (Québec) G0J 1B0** **Tél : (418) 629-5331**	**Table d'hôte de 15$ à 30$** **À la carte de 15$ à 30$** **Carte des vins de 15$ à 50$** **Ouvert toute l'année** **basse-saison : fermé lun** **Visa - MasterCard - Paiement direct**

12. La Maison du Pêcheur

M. Georges Mamelonet, Mme Elyse Boivin et M. Gilles Jean, propriétaires
M. Georges Mamelonet, chef

La maison du pêcheur vous invite à venir goûter, dans une ambiance maritime et décontractée, ses poissons et fruits de mer frais, son homard vivant de ses viviers sous-marins. Nous avons également un choix de pizzas variées cuites au four au bois d'érable.

Descendre la rue du Quai; le restaurant se trouve sur la droite.

La Maison du Pêcheur **155, place du Quai** **Percé (Québec) G0C 2L0** **Tél : (418) 782-5331** **(418) 782-5326** **Fax : (418) 782-5624** **Courriel : pêcheur@globetrotter.qc.ca**	**Table d'hôte de 20$ à 40$** **À la carte de 9$ à 28$** **Carte des vins de 15$ à 75$** **Ouvert de juin à oct, tous les jours** **8 h à 22 h** **Visa - MasterCard - AmEx - Paiement direct**

13. Sélectôtel Amqui

Gestion Gam, propriétaire
M. Martin Lamothe, chef

Venez déguster nos spécialités de saumon frais, apprêté de toutes les manières dans un climat de détente.

Par la 132, en passant par la Vallée de la Matapédia.

Sélectôtel Amqui **340, boul Saint-Benoît** **Amqui (Québec) G0J 1B0** **Tél : (418) 629-2241** **Fax : (418) 629-2745**	**Table d'hôte de 10,95$ à 18,95$** **À la carte de 7,95$ à 18,95$** **Carte des vins de 18,95$ à 29,95$** **Visa - MasterCard - AmEx - Paiement direct**

14. Au Pirate 1775

Société de gestion Percéco, propriétaire
M. Pierre Vaillancourt, chef

Vue spectaculaire sur le fameux rocher et la mer. Le restaurant est aménagé en véranda dans l'Auberge au Pirate 1775. Un joyau architectural dans un domaine privé au cœur du Percé historique. Le chef propriétaire propose les produits de la riche région gaspésienne, des recettes exclusives et le charme raffiné de son service sur tables nappées. Un salon est réservé aux fumeurs.

Suivre la route 132; l'Auberge est située au centre de Percé, sur la mer en face du célèbre rocher, à deux pas du quai.

Au Pirate 1775 **169, route 132** **Percé (Québec) G0C 2L0** **Tél : (418) 782-5055** **Fax : (418) 782-5680** **Courriel : getty@quebectel.com**	**Table d'hôte à partir de 22,95$** **Carte des vins à partir de 24$** **Ouvert du début juin** **à la fin sept en soirée** **Réservations nécessaires** **Visa - MasterCard - AmEx - Paiement direct**

15. HÔTEL FRANCIS

M. et Mme Réjean et Lucille Duscheneau, propriétaires
Mme Karine Lapointe, chef

Dans un décor champêtre, la salle à manger «La Détente» offre une fine cuisine gastronomique. Elle se spécialise dans la préparation de l'agneau et saumon.

Route 132 : 9 h de Montréal, 6 h de Québec et 3 h de Rimouski.

Hôtel Francis **210, Pandiac** **New-Richmond (Québec) G0C 2B0** **Tél : (418) 392-4485** **Fax : (418) 392-4819** **Courriel : hfrancis@globetrotter.net**	**Table d'hôte de 18,95$ à 24,95$** **À la carte de 15,95$ à 19,95$** **Carte des vins de 17,95$ à 74,95$** **Ouvert toute l'année** **7 h à 23 h** **Visa - MasterCard - Paiement direct**

16. CAFÉ DU HAVRE

Mme Laurie Bishop, propriétaire
M. Mathieu Cyr, chef

En plein coeur de la Baie, l'endroit rêvé pour déjeuner, dîner ou souper. Descendez la côte de la plage et découvrez l'ambiance chaleureuse et reposante du bout du quai. Cuisine à saveur régionale par un chef d'expérience sur un site enchanteur : la mer, la plage familiale, les couchers de soleil et les jeux pour les enfants.

Aux abords de la route 132, à la limite de Saint-Siméon et de Caplan, prendre la côte de la plage pour descendre vers la mer. À 200 km à l'ouest de Percé et à 45 km à l'est de Carleton.

Café du Havre **102, chemin du Quai C.P. 285** **St-Siméon (Québec) G0C 3A0** **Tél : (418) 388-2633** **Fax : (418) 388-2902**	**Table d'hôte de 14,95$ à 30$** **À la carte de 5$ à 30$** **Carte des vins de 10$ à 30$** **Ouvert du début mai à la fin sept** **tous les jours de 6 h à 23 h** **Visa - MasterCard - Paiement direct**

Coques de Tomates Jaunes aux Crevettes Nordiques

Quantité: 4 portions - Préparation : 20 minutes
Macération : 30 minutes - Degré de difficulté : faible

8 .... tomates jaunes
.... Sel
1 .... tomate rouge, en dés
1 .... oignon, haché
1 .... piment Jalapeño, haché
¼ .... poivron vert, en dés
¼ .... poivron jaune, en dés
5 ml (1 c. à thé) .... de sel
.... Le jus de ½ lime
375 g (¾ lb) .... de crevettes nordiques, hachées grossièrement
.... feuilles de cerfeuil pour la décoration

Couper les tomates jaunes en deux et les évider ....
Saler légèrement l'intérieur des tomates et les laisser dégorger, côté chair, sur papier absorbant ....
Mélanger la tomate rouge, l'oignon, le piment, les dés de poivrons vert et jaune, le sel et le jus de lime ....
Laisser mariner 30 minutes ....
Décorer avec des feuilles de cerfeuil ....

Quiches Gaspésiennes

Quantité : 6 portions - Préparation : 20 minutes
Cuisson : 40 minutes - Degré de difficulté : moyen

500 g (1 lb) .... de pâte brisée (du commerce)
1 kg (2 lb) .... de crevettes nordiques
125 ml (½ tasse) .... d'échalotes vertes hachées finement
250 ml (1 tasse) .... de lait
4 .... oeufs
4 .... jaunes d'oeufs
125 ml (½ tasse) .... de crème 35%
.... sel et poivre
.... muscade au goût
375 ml (1 ½ tasse) .... de gruyère râpé

Préchauffé le four à 180 °C (350 °F).....................................
Sur une fine surface farinée, abaisser la pâte en un carré d'environ 50 cm (20 po) de côté. ....

Y découper six cercles et en foncer six moules individuels de 15 cm (6 po) de diamètre (on peut également foncer d'une seule abaisse un moule de 23 cm (9 po) de diamètre. ....

Répartir les crevettes et les échalotes dans les abaisses ....

Dans un grand bol, battre le lait, les oeufs, les jaunes d'oeufs, la crème, le sel, le poivre et la muscade ....

Verser dans les abaisses. ....

Parsemer les quiches de gruyère. ....

Cuire au moins 40 minutes. ....

ÎLES-DE-LA-MADELEINE

«Aux Îles-de-la-Madeleine, noble archipel situé au cœur du golfe Saint-Laurent, la mer et les vents dominent tout. Ils s'imposent un genre de vie, dessinent les paysages, façonnent les reliefs et exercent, bien sûr, une influence déterminante, mais combien heureuse, sur les spécialités culinaires.»[1]

Que ce soit le homard des Îles-de-la-Madeleine, l'un des meilleurs au monde, ou le crabe des neiges. Que ce soit, aussi, ces nouvelles espèces que l'on cherche à introduire dans les habitudes alimentaires pour aider à diversifier les pêcheries, par exemple l'aiguillat commun et l'oursin vert.

Aux Îles-de-la-Madeleine, le petit pétoncle et la moule bleue sont cultivés. Ces coquillages viennent enrichir l'éventail de produits marins à base desquels les Madelinots ont fait leurs plats traditionnels. Le plus célèbre est le pot-en-pot, qui enferme poissons et pommes de terre entre deux abaisses de pâte.

Au printemps, la chasse au loup marin fournit chair et graisse qui entrent dans la préparation de plusieurs plats. Les croquignoles, par exemple, petites pâtisseries cuites dans l'huile de phoque, sont une spécialité des Îles. Le hareng, l'une des richesses de la région, poisson que l'on a fumé pendant très longtemps redevient un mets recherché.

«La région des Îles-de-la-Madeleine compte 35 exploitations agricoles. La pêche constitue l'une des principales activités économiques. Les espèces pêchées sont les suivantes : aiguillat commun, baudroie, crabe commun, crabe des neiges, crevette nordique, flétan du Groenland, morue, oursin vert, pétoncle, plie canadienne et sébaste.»[2]

[1]Institut de tourisme et d'hôtellerie du Québec, *La cuisine traditionnelle des régions du Québec*, Les Éditions de l'homme, Les Publications du Québec.

[2]*Profil des exploitations agricoles*, 1995, MAPAQ

ÎLES-DE-LA-MADELEINE

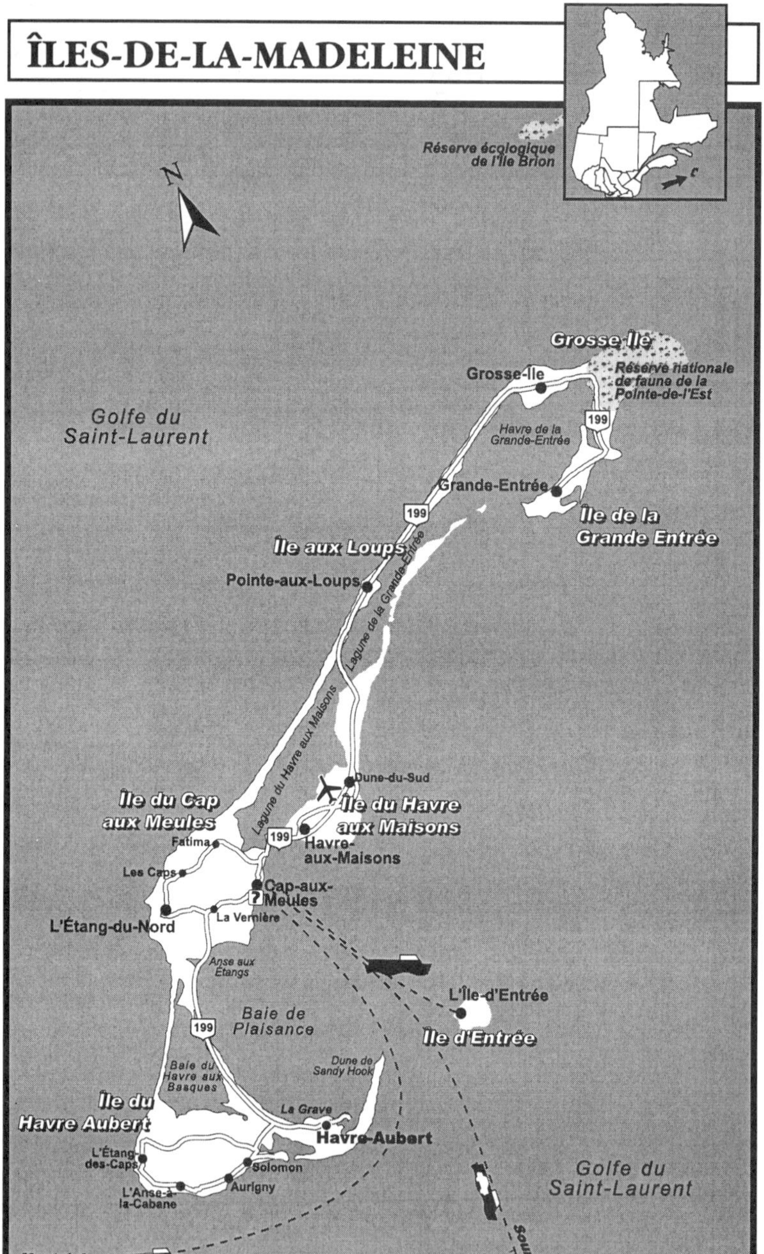

1. Auberge La Marée Haute

M. Patrick Mathey et Mme Pascale Saint-Jean, propriétaires
M. Patrick Mathey, chef

L'Auberge La Marée Haute occupe une maison centenaire située au bord de la mer. En été, venez déguster nos spécialités de poissons, de coquillages et de fruits de mer. En hiver, nous vous proposons des spécialités de loup marin et des soirées thématiques.

Route 199, direction ouest sur l'Île du Havre-Aubert. Avant de descendre sur La Grave, au carrefour du palais de justice, prenez le chemin des Fumoirs à droite.

Auberge La Marée Haute **25, chemin des Fumoirs** **Havre-Aubert** **(Îles-de-la-Madeleine) G0B 1J0** **Tél/fax : (418) 937-2492** **www.mixed.com/** **maréehaute/honce.htnl**	**Table d'hôte de 20,50$ à 32,50$** **À la carte de 15,50$ à 28$** **Carte des vins de 20$ à 60$** **Ouvert toute l'année, tous les jours** **de 18 h à 22 h** **Visa - MasterCard**

Soupe de Crabe des Neiges

Quantité: 6 portions - Préparation : 10 minutes
Cuisson : 1h - Degré de difficulté : élevé

2 lt. (8 tasses) .... d'eau
1 lt. (4 tasses) .... de vin blanc
1 .... bouquet garni (thym, laurier, persil)
500 ml (2 tasses) .... de mirepoix
.... *(mélange d'oignons, de carottes et de céleri taillés en petits dés)*
2 .... gousses d'ail hachées
.... sel et poivre au goût
2 .... crabes des neiges d'environ 1,5 à 2kg (3 à 4 lb)
30 ml (2 c. à soupe) .... d'huile
1 ml (1/4 c. à thé) .... de safran
1 .... blanc de poireau haché
2 .... carottes hachées
1 .... oignon haché
3 .... gousses d'ail hachées
15 ml (1 c. à soupe) .... d'anis
250 ml (1 tasse) .... de crème 35%
30 ml (2 c. à soupe) .... de beurre

Mettre I'eau, le vin blanc, le bouquet garni, la mirepoix, l'ail, le sel et le poivre dans une grande casserole. Porter à ébullition. Réduire la chaleur, couvrir et laisser mijoter 30 minutes. ....
Ramener le court-bouillon à ébullition. Y plonger les crabes et les cuire 10 minutes. Retirer les crabes du bouillon. Réserver ce dernier. ....
Enlever les pattes des crabes et en retirer la chair ....
Réserver ....
Faire chauffer l'huile dans une autre grande casserole ....
Faire revenir le safran, le poireau, les carottes, l'oignon, l'ail et l'anis, sans laisser prendre couleur ....
Ajouter les carapaces de crabe et le court-bouillon. Amener à ébullition et réduire la chaleur. Laisser mijoter de 10 à 15 minutes ....
Retirer les carapaces de crabe ....
Passer la soupe au robot jusqu'à consistance homogène ....
Transvaser dans la casserole ....
Tout en fouettant, incorporer la crème et le beurre ....
Laisser mijoter 2 ou 3 minutes, juste pour réchauffer ....
Garnir de la chair de crabe ....
Servir avec des petits croûtons à l'ail ....

Escalopes de Loup-marin, Sauce au Poivre

Quantité : 6 portions - Préparation : 15 minutes
Cuisson : 30 minutes - Degré de difficulté : moyen

125 ml (½ tasse,) .... d'huile
15 ml (1 c. à soupe) .... de poivre noir, broyé
15 ml (1 c. à soupe) .... de fines herbes de Provence en pâte a
6 .... escalopes de loup-marin d'environ 2,5 cm (1 po) d'épaisseur
30 ml (2 c. à soupe) .... d'huile
30 ml (2 c. à soupe) .... de beurre
30 ml (2 c. à soupe) .... d'échalotes françaises hachées
125 ml (2 c. à soupe) .... de vin rouge
500 ml (2 tasses) .... de sauce demi-glace (du commerce)
15 ml (1 c. à soupe) .... de poivre noir
1 .... pincée de sel
30 ml (2 c. à soupe) .... de brandy
60 ml (¼ tasse) .... de crème 35 %

Dans un bol, mélanger l'huile, le poivre et les fines herbes de Provence ....
Y déposer les escalopes de loup-marin ....
Laisser mariner 12 heures, au réfrigérateur, en retournant les escalopes de temps en temps ....
Égoutter les escalopes ....
Faire chauffer l'huile dans un poêlon ....
Y faire sauter les escalopes à feu moyen, 2 minutes de chaque côté, jusqu'à ce qu'elles soient tendres, mais encore rosées ....
Faire fondre le beurre dans une casserole ....
Y faire suer les échalotes ....
Ajouter le vin rouge ....
Faire réduire de moitié ....
Ajouter la sauce demi-glace et porter à ébullition ....
Incorporer le poivre, le sel et le brandy ....
Laisser mijoter à feu doux jusqu'à épaississement ....
Ajouter la crème en remuant ....
Napper les escalopes de loup-marin de sauce ....
Servir aussitôt ....

Les fromages de chèvre du Québec...

un traitement royal pour tous les palais

Syndicat des producteurs
de chèvres du québec

LANAUDIÈRE

«*Lanaudière, vaste et fertile plaine, s'étend du fleuve Saint-Laurent jusqu'au nord de Joliette. Plusieurs petites rivières et de nombreux lacs y hébergent truites, brochets, dorés, achigans alors que les belles forêts abritent lièvres et orignaux.*»[1]

Cette région centrale du Québec s'étire vers le nord-ouest, entre les Laurentides et la Mauricie, et est bordée par la rive nord du Saint-Laurent.

Vaste territoire couvert de forêts, émaillé de lacs et de rivières, paradis de chasse et de pêche, la région de Lanaudière est aussi dotée de terres fertiles qui produisent une grande variété de fruits et de légumes.

La région est connue pour la qualité des fraises que l'on y cultive. On y trouve même une pépinière de plants certifiés de petits fruits. Du printemps à l'automne, les récoltes de légumes se succèdent : asperges, maïs, carottes, navets, pommes de terre, sans compter les champignons sauvages que les connaisseurs vont ramasser.

Les érablières de Lanaudière donnent lieu aux festivités du temps des sucres et à une belle production de sirop, de sucre, de gelée, de confiserie et, depuis peu, de «vin» d'érable.

La région est connue depuis longtemps pour sa production avicole. D'autres élevages se sont ajoutés au cours des années : celui du sanglier, de l'agneau et de la chèvre, sans oublier celui de la vache laitière, que plusieurs producteurs ont choisi pour l'intégrer à l'agriculture biologique.

Le fromage est devenu une spécialité de la région de Lanaudière au point d'y avoir dessiné une route des fromages : fromages au lait de chèvre, fromages au lait de vache et même fromages au lait cru.

[1]Institut de tourisme et d'hôtellerie du Québec, *Cuisine traditionnelle des régions du Québec*, Les Éditions de l'homme, Les Publications du Québec.

LANAUDIÈRE

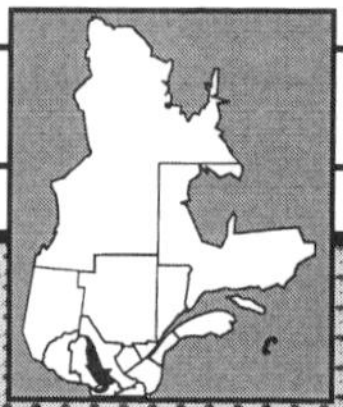

0
10
20km
N
Réservoir Taureau
Saint-Michel-des-Saints
Réserve faunique Mastigouche
131
Saint-Zénon
Parc du Mont-Tremblant
MAURICIE-BOIS-FRANCS
Lac des Îles
Saint-Alexis-des-Monts
Lac Lavigne
125
349
Saint-Damien-de-Brandon
Saint-Donat
Sainte-Émélie-de-l'Énergie
347
Saint-Didace
Lac Ouareau
Lac Archambault
Lac Maskinongé
Saint-Gabriel-de-Brandon
Saint-Côme
Notre-Dame-de-la-Merci
343
St-Jean-de-Matha
337
Saint-Alphonse-Rodriguez
Saint-Félix-de-Valois
348
Sainte-Marcelline-de-Kildare
Sainte-Mélanie
Saint-Cuthbert
345
Entrelacs
Saint-Ambroise-de-Kildare
Sainte-Élizabeth
Berthierville
Chertsey
158
Sainte-Marguerite-du-Lac-Masson
Rawdon
117
341
346
Joliette
335
Sorel
Saint-Liguori
Sainte-Julienne
Saint-Paul
40
132
Saint-Jacques
31
LAURENTIDES
138
Saint-Esprit
Saint-Gérard-de-Majella
15
Laurentides
St-Roch-de-l'Achigan
Lanoraie
339
L'Épiphanie
Fleuve Saint-Laurent
L'Assomption
Contrecœur
25
Saint-Sulpice
La Plaine
Saint-Jérôme
30
Verchères
Mascouche
Repentigny
640
Terrebonne
MONTÉRÉGIE
Mirabel
Laval
Montréal
©ULYSSE

1. L'AUBERGE SUR LA FALAISE

MM. Giles, Martin et Mme Lucie Dufresne, propriétaires

La cuisine évolutive régionale se distingue par ses herbes fraîches et ses fleurs locales. Nos spécialités sont l'autruche, le cerf et le poisson.

Prenez l'autoroute 40 Est jusqu'à la sortie 122. De Joliette, après le pont, gardez la droite. Sur la route 343 Nord : 1er village St-Ambroise, 2e Sainte-Marcelline.

L'Auberge sur la falaise **324, avenue Lac-Long Sud** **Saint-Alphonse-Rodriguez** **(Québec) J0K 1W0** **Tél : (450) 883-2269** **Sans frais : 1-888-325-2473** **Fax : (450) 883-0143** **www.auberge-falaise.com**	**Table d'hôte de 22$ à 42$** **À la carte de 10,95$ à 26,95$** **Carte des vins de 19$ à 25$** **Ouvert toute l'année, tous les jours** **8 h à 22 h** **Visa - MasterCard - AmEx - Paiement direct**

2. LE RELAIS CHAMPÊTRE

M. et Mme Yves et Geneviève Longère, propriétaires
Mme Geneviève Longère, chef

À quelques 40 km de Montréal, dans une paisible campagne, vous découvrirez une table généreuse et accueillante. Depuis 17 ans, nous offrons à nos convives une cuisine toute de fraîcheur élaborée à partir de notre potager bien garni. Pour nos amis touristes, un menu du terroir leur fera découvrir la vraie cuisine québécoise d'antan.

LANAUDIÈRE

Pont Pie IX ou Pont Papineau, 440 Est, direction Terrebonne. À St-Esprit, quitter la 25 Nord direction Joliette (158 Est). Au premier feu de circulation, prendre à gauche et faire 3,7 km.

Le Relais Champêtre **398, Grande Ligne** **Saint-Alexis-de-Montcalm J0K 1T0** **Tél : (450) 839-2757** **Fax : (450) 839-6901** **Courriel : ramtha@pandore.qc.ca**	**Table d'hôte de 34$ à 42$** **Apportez votre vin** **12 personnes et plus : en tout temps** **groupe de moins de 12 :** **jeudi, vendredi, samedi** **à partir de 18 h 30** **Visa - MasterCard - Paiement direct**

3. RESTAURANT LE TRIANON

M. et Mme Jean-Marie et Andrée Pierrat, propriétaires
M. Jean-Marie Pierrat, chef

Pour le calme, le confort, l'intimité et une chaleureuse hospitalité, l'endroit rêvé est ce petit restaurant coquet. Installé dans une maison ancestrale du début du siècle située au cœur des affaires à Repentigny, Le Trianon apprête une fine cuisine du marché. Son personnel qualifié et courtois saura vous suggérer des tables d'hôte ayant un rapport qualité-prix imbattable!

Autoroute 40 : Repentigny, sortie boul. Brien Sud. Prenez Notre-Dame à droite, jusqu'au 411 de la rue Notre-Dame à droite (stationnement à l'arrière).

Restaurant Le Trianon 411, rue Notre-Dame Repentigny (Québec) J6A 2T2 Tél/fax (450) 582-3376 Courriel : jpierrat@odyssee.net	**Table d'hôte de 17,95$ à 29,95$ Apportez votre vin Ouvert tous les soirs (sauf le lundi) 17 h à 21 h Brunch : Pâques et fête des mères Visa - MasterCard - AmEx - Paiement direct**

4. RESTAURANT LE PRIEURÉ

M. Bernard Bulliard, propriétaire et chef

Établi depuis 13 ans dans une maison historique, le Prieuré sert une cuisine québécoise de tradition française. Son chef, Bernard Bulliard, un Dijonnais d'origine, vous réserve un accueil chaleureux.

Autoroute 40 Est, sortie 108. Repassez par dessus l'autoroute. Continuez tout droit, puis, au 2e feu, tournez à droite. Ensuite, à l'arrêt, prenez la 1re à gauche (boul. L'Ange Gardien).

Restaurant Le Prieuré 402, boul. L'Ange Gardien L'Assomption (Québec) J5W 1S5 Tél : (450) 589-6739 Fax : (450) 589-9018	**Table d'hôte (midi) 9,50$ à 14,50$ Table d'hôte (soir) 25,50$ à 32,50$ mar au ven 11 h 30 à 14 h mar au sam 17 h 30 à 21 h fermé dim et lun Visa - MasterCard - AmEx - Paiement direct**

5. La Distinction

M. Louis-Simon Dénommée, propriétaire
M. Alain Rémillieux, chef

La Distinction
L'ART DE LA TABLE

Voisines de l'amphithéâtre de Lanaudière, nos salles de réception prestigieuses offrent une vue exceptionnelle sur le site environnant. Son chef y concocte une cuisine française à saveur régionale. «La Distinction» s'avère être un choix idéal pour les réceptions de mariages. Nous offrons également le service de traiteur.

À partir de l'autoroute 40, prenez la sortie 122 direction Joliette. Maintenant vous êtes sur l'autoroute 31. Prendre la sortie 7. À l'arrêt, tournez à gauche. Parcourez environ 400 mètres et prenez le 1er chemin à droite (Base de Roc).

La Distinction 1505, Base de Roc Joliette (Québec) J6E 3Z1 Tél : (450) 759-6900 ou 1-888-TRAITEUR Fax : (450) 759-5766 www.distinction.qc.ca	**Table d'hôte de 16$ à 30$ À la carte de 16$ à 40$ Carte des vins de 15$ à 30$ Ouvert tous les jours sur réservation seulement Visa - MasterCard - Paiement direct**

6. Les Fermes Saint-Vincent

M. et Mmes Yves, Brigitte et Diane Saint-Vincent, propriétaires
Mme Diane Saint-Vincent, chef

Venez goûter notre cuisine dans une ambiance familiale et conviviale! Nos déjeuners copieux à 5$ et les autres repas à 10$ vous combleront. Des chambres sont également offertes en location à partir de 20$ (occ. double 30$).

Autoroute 40 Est, sortie 151 direction St-Cuthbert; empruntez le pont à 300 pieds après avoir passé sous le viaduc de l'autoroute; nous sommes à 2 km.

Les Fermes Saint-Vincent 1171, rang Nord de la Rivière Chicot Saint-Cuthbert (Québec) J0K 2C0 Tél : (450) 836-2590 Fax : (450) 836-6769	**Ouvert toute l'année, sur rendez-vous seulement Visa - MasterCard - AmEx - Paiement direct**

7. Centre Nouvel-Air Matawinie

S.P.E.Q. propriétaire
M. Serge Deschênes, chef

Nouvel-Air Matawinie propose à sa clientèle une formule tout compris avec hébergement (2 auberges ou 16 chalets), 3 repas, équipements et activités.

Nouvel-Air Matawinie **Lac à la truite** **Saint-Michel-des-Saints** **(Québec) JOK 3B0** **Tél : (450) 833-6371** **Sans frais : 1-800-361-9629** **Fax : (450) 833-6061**	**Forfait à partir de 84$** **Ouvert toute l'année, tous les jours**

8. La Bergerie des Neiges

Mme Desneiges Pépin et M. Pierre Juillet, propriétaires

À la Bergerie des Neiges, on vous offre les produits de notre boucherie (agneau de grain et fumé, saucisses merguez), ceux de notre boutique (produits de laine), de notre bergerie (animaux reproducteurs) et, bien sûr, de notre table où les produits du terroir et l'agneau sont à l'honneur.

De Montréal : autoroute 40 Est, sortie 122, autoroute 31 Nord. Route 158 Ouest, 1 km, à droite route 343 Nord, faire 15 km jusqu'à St-Ambroise. Au clignotant jaune, à gauche rang 5, faire 2 km. La ferme est blanche et rose à droite!

La Bergerie des Neiges enr. **1401, rang 5** **Saint-Ambroise-de-Kildare** **(Québec) JOK 1C0** **Tél : (450) 756-8395** **Fax : (450) 756-8395**	**Table d'hôte de 25$ à 35$** **Ouvert sur rendez-vous** **Visa - MasterCard -AmEx -Paiement direct**

9. Ferme Valrémi

M. et Mme Jules et Colette Rémillard, propriétaires

Sucrerie Valrémi
CABANE À SUCRE

Du 1er mars au 15 avril, venez savourer un repas de cabane à sucre. Durant cette période, vous pourrez vous procurer nos sirop, beurre et gelée à l'érable. Également offerts toute l'année : vin à base de sirop d'érable (Dégel des Bois), vin à base d'érable et de framboises (Douceur des Bois), mousseux érable, framboises et canneberges (Rosé des Bois), crème à l'érable (crèmérable).

Ferme Valrémi
3271, Pointe Sainte-Catherine
Saint-Cuthbert (Québec) J0K 2C0
Tél : (450) 836-2188
Fax : (450) 836-2365
courriel : valremi@autray.net
www.valremi.qc.ca

10. Les Produits La Tradition

M. Antoine Leuthard, propriétaire

Fabrication artisanale de véritables vinaigres vivants de fruits et fleurs sauvages selon des traditions médiévales. Élaboration naturelle à partir de la mère de vinaigre, une véritable découverte pour la santé et la nutrition.

Les Produits La Tradition **337, chemin Lac Ducharme** **Sainte-Marcelline (Québec) J0K 1C0** **Tél : (450) 883-3102** **Courriel : leuthard@pandore.qc.ca**	**Visite sur réservation**

Paupiettes aux Herbes Fraîches

Temps de cuisson: 25 à 30 minutes - Portions: 4 à 6

6 .... escalopes de poitrines de poulet
1 .... recette de farce à base de poulet cru, haché
125 ml ..... légumes en julienne, blanchis (carotte, courgettes et haricots verts)
15 ml .... beurre ou huile
2 .... oignons verts hachés
125 ml .... vin blanc
250 ml .... de crème 35 %
15 ml .... (de chacun) persil, estragon et basilic frais hachés (de chacun)
1 .... gousse d'ail hachée
.... au goût sel et poivre

Farce au Poulet Passe-partout

250 g (½ lb) .... de poulet cru
30 ml (2 c. à table) .... de crème 35%
1 .... échalote hachée
5 ml (1 c. à thé) .... de persil haché

Préchauffer le four à 180 °C (350 °F). Étaler la farce sur chacune des escalopes, à part égale, et déposer dessus un peu de légumes. Rouler les escalopes du côté le moins large et les ficeler ....
Dans une poêle, chauffer le beurre et faire colorer chaque paupiette ....
Les déposer dans un plat allant au four; cuire 20 à 25 minutes selon la grosseur de la paupiette ....
Retirer du four et enlever les ficelles; réserver au chaud ....
Dans la même poêle faire revenir les oignons verts, à feu moyen ....
Déglacer avec le vin; laisser réduire de moitié ....
Ajouter la crème, les fines herbes, l'ail, le sel et le poivre ....
Cuire 2 à 3 minutes ....
Rectifier l'assaisonnement et napper de sauce les paupiettes tranchées. ....

Farce au Poulet Passe-partout

Mélanger le poulet cru, haché, la crème 35%, l'échalote hachée et le persil haché
Saler et poivrer à votre goût ....
Réfrigérer 20 minutes ....

GÂTEAU D'ÉTAMINES DE QUENOUILLES AU PARFUM PRINTANIER

375 ml (1 ½ tasse)	farine
15 ml (1 c. à table)	poudre à pâte
2 ml (½ c. thé)	sel
125 ml (½ tasse)	gras végétal ou beurre
125 ml (½ tasse)	sucre
125 ml (½ tasse)	miel
3	jaunes d'oeufs
5 ml (1 c. à thé)	vanille
175 ml (¾ tasse)	lait
3	blancs d'oeufs
30 ml (2 c. à table)	étamine de quenouilles

CRÈME AU BEURRE

½ tasse	Sirop d'érable
½ livre	Beurre à température de la pièce
3	Jaunes d'oeufs
2 c. à table	Grand Esprit d'érable

Mélanger la farine, la poudre à pâte, le sel, l'étamine de quenouilles
Réserver
Mélanger le gras végétal ou défaire le beurre en crème en ajoutant le sucre et le miel
En battant, ajouter les jaunes d'oeufs
Incorporer 1 dans 2 doucement
Réserver
Monter les blancs d'oeufs en neige ferme
Incorporer 3 dans 4 doucement
Faire cuire au four à 350 °F pendant 30 minutes
Donne 2 moules de 8 pouces

CRÈME AU BEURRE

Amener le sirop d'érable à ébullition
Mettre les jaunes d'oeufs dans le batteur et y incorporer doucement le sirop chaud
Battre quelques minutes
Incorporer le beurre en morceaux
Couper le gâteau et glacer de crème au beurre
Servir

LAURENTIDES

«Jadis, les "colons allaient en ville" pour s'amuser le samedi soir; aujourd'hui, les citadins "montent dans le Nord" pour y passer leurs vacances et leurs fins de semaine.»[1]

Les Laurentides, qui se déploient de Mirabel jusqu'au nord de Mont-Laurier, et des limites de l'Outaouais à celles de Lanaudière, sont devenues une grande région de tourisme et de villégiature, et l'un des plus anciens berceaux de la gastronomie au Québec.

Si le relief montagneux du Bouclier canadien permet des aménagements sportifs et récréotouristiques importants, la partie des basses-terres des Laurentides favorise une activité agricole en pleine expansion.

Les productions traditionnelles se sont développées; la pomiculture autant que l'industrie fromagère ont vu naître une grande diversification de produits; les élevages vont des volailles spécialisées au bison ou à la chèvre. Les cultures maraîchères en serres sont devenues une spécialité de la région; on y produit des tomates et des laitues autant que des fleurs comestibles.

Par ailleurs, les productions végétales et animales qui s'intègrent à l'agrotourisme présentent un excellent potentiel pour la région. Grâce à sa vocation traditionnelle de villégiature et à ses infrastructures touristiques, la région des Laurentides peut intégrer parfaitement l'agrotourisme à son développement touristique.

Cette richesse et cette diversité de produits contribuent à l'évolution d'une tradition culinaire déjà reconnue pour sa qualité et son appartenance.

Galettes de sarrasin et fèves au lard sont du domaine des souvenirs. Mais on aime bien se les rappeler!

[1]Institut de tourisme et d'hôtellerie du Québec, *La cuisine traditionnelle des régions du Québec*, Les Éditions de l'homme, Les Publications du Québec.

LAURENTIDES

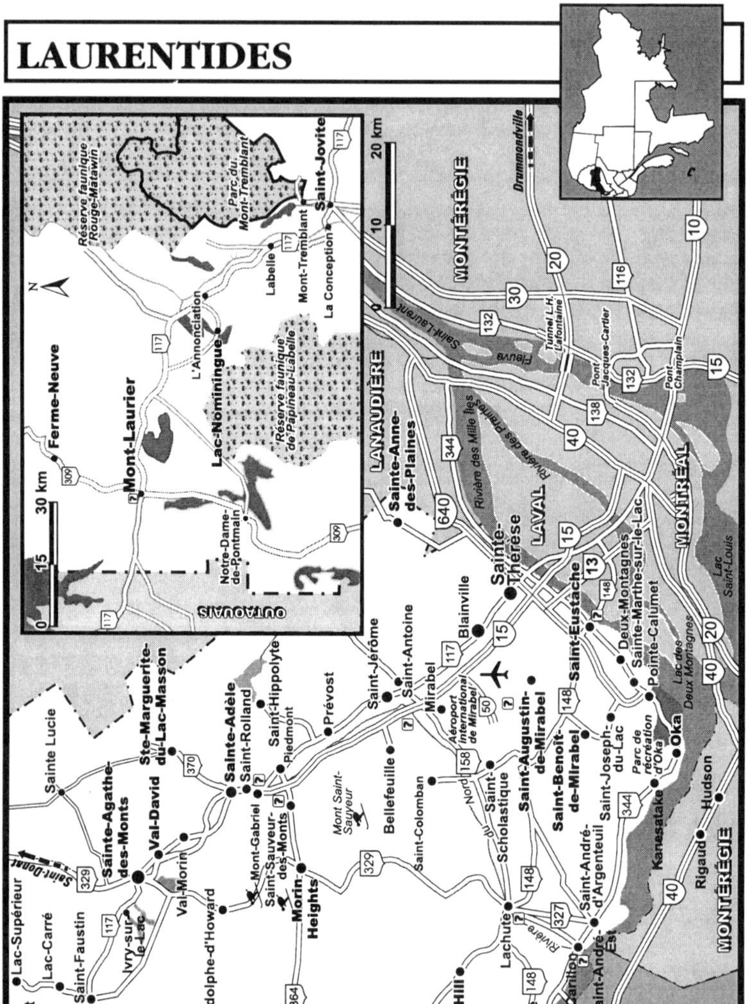

1. AUBERGE LA BICHE AU BOIS

M. Olivier Poissenot, propriétaire et chef

Dans une ambiance chaleureuse et personnalisée, que ce soit pour un tête à tête, un repas d'affaires ou une cérémonie, La Biche au Bois saura vous ravir. Parc boisé au bord de la rivière à Simon. Dégustez les spécialités de foie gras, saumon fumé sur place, gibiers, ris de veau, etc., ainsi que des gourmandises sucrées des plus originales.

Autoroute 15 Nord, sortie 64, Mont-Rolland – Mont-Gabriel à 0,5 km sur la 177 Sud. Situé entre Saint-Sauveur (3 km) et Ste-Adèle (5 km).

Auberge La Biche au Bois **1806, route 117** **Sainte-Adèle (Québec) J8B 1A8** **Tél : (450) 229-8064** **Fax : (450) 229-1307**	**Table d'hôte de 38$ à 45$** **Carte des vins de 30$ à 350$** **mar au dim de 18 h à 21 h** **fermé 15 jours en avril** **fermé 15 jours en nov** **Visa - MasterCard - AmEx - Paiement direct**

2. AUBERGE LA MAISON DU PACIFIQUE

M. Martin Lambert et Mme France DesLauriers, propriétaires
M. Martin Lambert, chef

Petite auberge champêtre dans une maison historique du C.P. Rail (1917), située sur le parc linéaire «Le P'tit Train du Nord» à l'orée des bois, dans la magnifique région de Lac-Nominingue. Détente et bien-être assurés tout en savourant nos spécialités (déjeuners champêtres, salades tièdes, alcool du Québec, etc.), en observant la nature, les oiseaux. Venez découvrir nos forfaits d'aventures douces!

De Montréal : aut. 15, route 117 Nord jusqu'à l'Annonciation; prenez l'embranchement de la route 321, direction Lac-Nominingue. De Mont-Laurier : après Lac-Saguay, prendre le ch. de Lac-Nominingue (10 km). À gauche au ch. des Pinsons jusqu'au ch. des Groseillers.

Auberge La maison du Pacifique **191, ch. des Groseillers** **Lac-Nominingue (Québec) J0W 1R0** **Tél : (819) 278-0679** **http://pages.infinit.net/jfdaigle** **/auberge.htm**	**Table d'hôte de 13,95$ à 19,95$** **Carte des vins de 15$ à 30$** **Ouvert du 15 mai au 30 sept** **et du 15 déc au 31 mars** **8 h à 20 h** **Visa - MasterCard**

3. Bistro à Champlain

M. Champlain Charest, propriétaire
M. Pierre Lavallée, chef

Établi dans les Laurentides en face du Lac Masson depuis 1987, le Bistro à Champlain a depuis longtemps acquis une renommée internationale grâce à sa cave à vin et son impressionnante collection de gros formats. Une bonne table, d'excellents vins, une carte importante de cigares, un coin de pays féérique : voilà ce que vous propose le seul «Grand Award» au Canada du Wine Spectator!

Autoroute 15, sortie 69, 370 Est direction Ste-Marguerite (12 km de l'autoroute); au bout de la route à droite, face au Lac Masson.

Bistro à Champlain 75, chemin Masson C.P. 465 Ste-Marguerite-du-Lac-Masson (Québec) J0T 1L0 Tél : (450) 228-4988 (450) 228-4949 Fax : (450) 228-4893 Courriel : champlain@citenet.net www.bacchus-ws.com/bistro.htm	**Table d'hôte à partir de 33,95$ À la carte de 7,50$ à 32$ Carte des vins de 25$ à 1000$ juin à sept : tlj à partir de 18 h (sauf dim à partir de 12 h) oct à mai : jeu au sam à partir de 18 h, (sauf dim à partir de 12 h) ouvert en tout temps pour les groupes Visa - MasterCard - AmEx - Paiement direct**

4. Hôtel du Lac Carling

M. et Mme Wim et Coral Steenbakkiers, propriétaires
Mme Josée Labelle, chef

Hôtel du Lac Carling est un hôtel de villégiature 5 étoiles. Venez déguster à sa table ses spécialités de gibier.

Prenez l'aut. 50 jusqu'à Lachute, sortie Centre-Ville, et suivez la rue Béthanie jusqu'au bout. Tournez à gauche sur la rue Principale. Passez 3 feux de circulation et, après le pont, tournez à droite vers Brownsburg. Tournez à droite, et suivez la 327 N sur 15 km.

Hôtel du Lac Carling 2255, route 327 Nord Pine Hill (Québec) J0V 1A0 Tél : (450) 533-9211 Fax : (450) 533-4495 www.laccarling.com	**Table d'hôte à 39$ Carte des vins de 28$ à 200$ Ouvert toute l'année, tous les jours de 7 h à 21 h Visa - MasterCard - AmEx - Paiement direct**

LAURENTIDES

5. HÔTEL LA SAPINIÈRE

M. Jean-Louis Dufresne, propriétaire

L'hôtel de villégiature La Sapinière a maintenant 61 ans et est dirigé depuis autant d'années par son propriétaire, Jean-Louis Dufresne. Vous pourrez y déguster une cuisine évolutive d'inspiration internationale préparée au moyen de produits locaux. Spécialités : lapereau, porcelet, pain d'épices.

Hôtel La Sapinière **1244, chemin de la Sapinière** **Val-David (Québec) J0T 2N0** **Tél : (819) 322-2020** **Fax : (819) 322-7493**	**Table d'hôte de 18$ à 39$** **Ouvert tous les jours :** **8 h à 9 h 30** **12 h à 13 h 30** **18 h 30 à 20 h 30**

6. HÔTEL LE CHANTECLER

Gouverco inc., propriétaire
M. François Ferland, chef

Le Chantecler est un centre de congrès avec 25 salles de réunion et un centre de villégiature complet. Le carré d'agneau à la moutarde douce et au thym frais et le filet de saumon sont deux des spécialités que vous pourrez déguster à sa table. Plusieurs activités vous sont proposées : ski alpin, ski de randonnée, traîneau à chien, motoneige, tennis, golf, équitation, baignade, etc.

Autoroute 15 Nord, sortie 67 : au 4e feu de circulation, tournez à gauche sur Morin jusqu'au chemin Chantecler, puis tournez à droite jusqu'à l'hôtel.

Hôtel Le Chantecler **1474, chemin Chantecler** **Sainte-Adèle (Québec) J8B 1A2** **Tél : (450) 229-3555** **Fax : (450) 229-5593** **Courriel :** **lechantecler@sympatico.ca**	**Table d'hôte à partir de 16,95$** **À la carte à partir de 16,95$** **Carte des vins à partir de 25$** **Ouvert tous les jours** **de 7 h à 22 h** **Visa - MasterCard - AmEx - Paiement direct**

7. Hôtel - Restaurant L'eau à la bouche

Mme Anne Desjardins et Pierre Audette, propriétaires
Mme Anne Desjardins, chef

Adossée à un massif d'érables et de sapins, dans les Laurentides, l'Hôtel-Restaurant L'eau à la bouche semble avoir été bâti rien que pour vous! Table d'or du Québec aux Grands Prix du Tourisme 1998 et Prix d'Excellence pour sa carte des vins par Wine Spectator 1998. Fine cuisine du marché, produits du Québec : truite, cochonnet, cerf, veau et agneau.

Autoroute des Laurentides, sortie 67, 5 km vers le nord sur la route 117 (boulevard Ste-Adèle).

Hôtel - Restaurant L'eau à la bouche **3003, boul. Sainte-Adèle** **Sainte-Adèle (Québec) J8B 2N6** **Tél : (450) 229-2991** **Fax : (450) 229-7573**	**Table d'hôte de 55$ à 120$** **À la carte de 35$ à 45$** **Carte des vins à partir de 40$** **Ouvert à l'année, tous les jours de 18 h à 21 h** **Visa - MasterCard - AmEx - Paiement direct**

8. Restaurant L'Impressionniste

M. Jean-Pierre Hans, propriétaire
M. Jean-Claude Fleury, chef

Le Restaurant L'Impressionniste propose une cuisine régionale et des spécialités de cuisine française. Décoration et ambiance d'inspiration impressionniste.

Autoroute 640, sortie 25e Avenue, angle 25e et Grande Côte.

Restaurant L'Impressionniste **245, Grande Côte** **Saint-Eustache (Québec) J7P 1B3** **Tél/Fax : (450) 491-3277**	**Table d'hôte de 14,95$ à 22,50$** **Carte des vins de 23$ à 70,50$** **Ouvert toute l'année** **lun à ven : midi et soir** **sam et dim : soir** **Visa - MasterCard - AmEx - Paiement direct**

LAURENTIDES

9. L'HÉRITAGE

M. Gérard Herrmann, propriétaire
M. Gérard Herrmann, chef

Fine cuisine évolutive, préparée devant vous sur un poêle à bois. Spécialités québécoises, suisses et françaises. C'est à vivre!

L'Héritage 11, Baker Morin-Heights (Québec) J0R 1H0 Tél : (450) 226-2218 Fax : (450) 226-9807 www.lheritage.com Courriel : heritage@ietc.ca	Table d'hôte de 20$ à 28$ À la carte de 15$ à 26$ Carte des vins de 20$ à 75$ Mer au sam à partir de 17 h 30, dim à partir de 12 h Visa - MasterCard - AmEx

10. RESTAURANT LA TABLE ENCHANTÉE

M. Léopold Handfield et Mme Ghyslaine Maurais, propriétaires
M. Léopold Handfield, chef

Petite salle à manger à l'ambiance champêtre. Ouvert depuis 23 ans et pouvant recevoir 40 personnes. Spécialisé dans la cuisine du terroir, soit : caribou, canard, cipaille, veau, porc et poisson frais... le tout préparé de façon différente selon les occasions.

De Montréal : Autoroute 15 Nord jusqu'à Ste-Agathe, puis route 117 jusqu'à Lac Duhamel, St-Jovite.

Restaurant La Table Enchantée 600, route 117, Lac Duhamel Saint-Jovite (Québec) J0T 2H0 Tél/Fax : (819) 425-7113	Table d'hôte de 15,75$ à 28$ À la carte de 14,25$ à 24,25$ Carte des vins de 21$ à 75$ 15 juin au 15 oct et 15 déc au 15 avril du mar au dim de 17 h à 22 h Prière de téléphoner pour connaître nos heures d'affaires le reste de l'année. Visa - MasterCard - AmEx

11. Restaurant Le Saint-Augustin

M. Jean-Paul Giroux, propriétaire et chef

Dans le cadre chaleureux d'une vieille demeure, vous goûterez une cuisine s'inspirant en grande partie des produits régionaux (volailles, légumes, cochonnet, gibier). Chaque semaine, des suggestions du marché agrémentent le menu.

Autoroute 15 Nord, sortie 23, chemin de la Côte-Nord, puis à droite sur le chemin du Chicot Nord. Continuez jusqu'au village, rue Principale à gauche.

Restaurant Le Saint-Augustin **15196, rue Saint-Augustin** **Saint-Augustin de Mirabel** **(Québec) J0N 1J0** **Tél : (450) 475-8290** **Fax : (450) 475-7446**	**Table d'hôte de 20$ à 30$** **À la carte de 15$ à 20$** **Carte des vins de 20$ à 45$** **Ouvert du mer au dim dès 17 h** **Visa - MasterCard - Paiement direct**

12. Rôtisserie Au Petit Poucet

Famille Nadon, propriétaire
M. Réjean Campeau, chef

Site enchanteur à proximité d'une foule d'activités récréatives et culturelles. Fondé en 1945, le restaurant offre une cuisine traditionnelle et authentique du Québec. Récipiendaire de la médaille de bronze 1999 du concours «Porc en tête» pour sa table d'hôte. «Table de bronze 1998» pour le développement de la cuisine québécoise et une mention d'honneur pour l'accueil et le service à la clientèle en 1998.

Autoroute des Laurentides (15 Nord), sortie 76, route 117 vers le nord (2 km).

Rôtisserie Au Petit Poucet **1030, Route 117** **Val-David (Québec) J0T 2N0** **Tél : (819) 322-2246** **Sans frais : 1-888-334-2246** **Fax : (819) 322-7694** **Courriel : info@aupetitpoucet.com**	**Table d'hôte de 18$ à 20$** **À la carte de 5$ à 20$** **Carte des vins de 19$ à 29$** **Ouvert toute l'année, tous les jours** **de 7 h 30 à 22 h** **Visa - MasterCard - AmEx - Paiement direct**

Au Village Québécois d'Antan, situé dans la région Mauricie–Bois-Francs, on fait revivre les coutumes et les danses de jadis.
– Gilles Rivest Tourisme Québec

Râble de lapin au cidre
p. 170 - MAPAQ

C'est au printemps que la région de la Montérégie se garnit de bourgeons, les pommiers annonçant d'ores et déjà la venue prochaine de leurs fruits. – *Jocelyn Boutin Tourisme Québec*

Coq au porc au cidre de pommes

p. 130 - Fédération des producteurs de volailles du Québec

La ville de Montréal aligne ses gratte-ciel le long du fleuve Saint-Laurent, tandis qu'un cycliste se promène au soleil.
– Marc Renaud Tourisme Québec

C'est à Laval, située entre le lac des Deux Montagnes, la rivière des Prairies et la rivière des Mille Îles, que s'étend la très jolie Route des Fleurs.
- Association touristique régionale de Laval

C'est à perte de vue que vous apercevrez de tels paysages dans la région Chaudière-Appalaches.
– Denis Trudel
Tourisme Québec

C'est à Amos, en Abitibi-Témiscamingue, que vous pourrez contempler la cathédrale Sainte-Thérèse-d'Avila, dont l'intérieur est orné de marbres d'Italie.
– Yves Marcoux
Tourisme Québec

13. Restaurant La Clef des Champs

M. et Mme Yvonne et J.-Louis Massenavette, propriétaires
M. J.-Louis Massenavette, chef

Cuisine française. Ouvert depuis 1976. Spécialités : foie gras de canard poêlé, gibiers sauvages, abats, ris de veau, cervelle, rognons. Produits du Québec.

Autoroute 15 Nord, sortie 69 direction Ste-Marguerite Esterel. Tournez à droite, roulez 900 mètres.

Restaurant La Clef des champs **875, Chemin Pierre-Peladeau** **Sainte-Adèle (Québec) J8B 1Z4** **Tél : (450) 229-2857** **Fax : (450) 229-3843**	**Table d'hôte à 35$** **À la carte de 18$ à 34$** **Carte des vins de 30$ à 100$** **Ouvert toute l'année,** **mar au dim, à partir de 17 h** **et tous les jours,** **du 24 juin au 30 sept, à partir de 17 h** **Visa - MasterCard - Amex**

14. Auberge et Restaurant Edelweiss

M. Olivier Sadones et Mme Nathalie Chenier, propriétaires
M. Olivier Sadones, chef

Le romantisme, l'air pur des montagnes laurentiennes, le silence apaisant de la forêt ponctué par le chant des oiseaux... Offrez-vous un séjour inoubliable, où le confort, la cuisine raffinée, le bien-être et la chaleur du foyer sont réunis dans un décor enchanteur!

Autoroute 15 Nord, sortie 76 direction Val-David (route 117 Nord). Au feu de circulation, tournez à droite sur la rue de l'Église (qui devient ensuite le ch. Doncaster) sur 2,8 km.

Auberge et Restaurant Edelweiss **3050, chemin Doncaster** **Val-David (Québec) J0T 2N0** **Tél : (819) 322-7800** **Fax : (819) 322-1550** **www.ar-edelweiss.com**	**Table d'hôte de 18,95$ à 31,95$** **À la carte de 5,95$ à 21,95$** **Carte des vins de 23$ à 1500$** **Ouvert tous les jours sauf le mar** **à partir 17 h 30** **Visa - MasterCard - AmEx - Paiement direct**

15. Restaurant et Auberge chez Girard

Mme Carole Dussault, propriétaire
M. Martin Belval, chef

Aménagé dans une maison plus que centenaire, le Restaurant et Auberge chez Girard est pourvu de 2 salles à manger. Vous pourrez y déguster une fine cuisine à saveur régionale faisant honneur aux gibier, veau, canard et autres. Pour accompagner ces mets, nous vous proposons une carte de plus de 120 vins.

De Montréal: 15 Nord vers Ste-Agathe. Sortie 86 de l'autoroute. 117 direction nord. 3e feux de circulation à gauche (Principale). Sur cette route, se rendre au Lac des Sables.

Restaurant et Auberge chez Girard **18, rue Principale Ouest** **Sainte-Agathe-des-Monts** **(Québec) J8C 1A3** **Tél : (819) 326-0922** **Fax : (819) 326-3386** **Courriel : girard@polyinter.com**	**Table d'hôte de 18,50$ à 25$** **À la carte de 15,50$ à 23,50$** **Carte des vins de 20$ à 140$** **Ouvert toute l'année** **Visa - MasterCard - AmEx - Paiement direct**

16. Restaurant aux Tourterelles

Mme Jocelyne Déry et Mme Ghislaine Déry, propriétaires
M. René Philippe, chef

Le Restaurant aux Tourterelles propose une cuisine actualisée dans une ambiance chaleureuse grâce, entre autres, à son foyer, à son salon privé et à ses terrasses. La carte des vins a été sélectionnée par François Chartier.

Autoroute 15 Nord, sortie 67. Direction Hôtel Chantecler.

Restaurant aux Tourterelles **1141, chemin Chantecler** **Sainte-Adèle (Québec) J8B 2Y3** **Tél/Fax: (450) 229-8160**	**Table d'hôte de 13,95$ à 28,95$** **À la carte de 9,95$ à 28,95$** **Carte des vins de 18$ à 105$** **Ouvert toute l'année, tous les soirs** **à partir de 17 h** **Visa - MasterCard - AmEx - Paiement direct**

17. École Hôtelière des Laurentides

M. Philippe Belleteste, directeur
François Bernazani, François Cara, Robert Cholette, Marcel Kretz, Sylvie Pilon, David Sagot, Roger Szor, Carlo Zopeni, chefs

À l'intérieur des programmes de cuisine d'établissement et de cuisine actualisée, les élèves, à travers une centaine de repas du soir par année, offrent environ 25 menus différents, des plus simples aux plus élaborés, dans une salle à manger accueillante (capacité de 150 personnes) avec un service chaleureux et professionnel, à des prix très intéressants.

De Montréal : autoroute 15 Nord, sortie 67 vers Sainte-Adèle et la route 117. Au 4ᵉ feu de circulation, prendre à gauche la rue Morin. Sur la rue Morin, prendre à gauche la rue Ouimet. Sur la rue Ouimet, prendre à droite la rue Lesage.

École Hôtelière des Laurentides **150, rue Lesage** **Sainte-Adèle (Québec) J8B 2R4** **Tél : (450) 229-7604** **(450) 229-7605** **Fax : (450) 229-5771**	**Table d'hôte de 12$ à 25$** **Carte des vins de 18$ à 28$** **Ouvert du 15 oct au 15 juin en soirée** **mar, mer et jeu : à partir de 18 h 30** **MasterCard - Paiement direct**

18. Fines Herbes par Daniel

Mme Monique Baillard et M. Daniel Baillard, propriétaires

Après douze années de recherches, nous avons mis au point un système de production dit «semi-hydroponique» à priori unique sur le continent nord-américain. Ce système permet une production en serres de fines herbes, salades et fleurs comestibles, avec des résultats très concurrentiels par rapport aux productions extérieures, tant au point de vue du goût que de la texture.

Région de Montréal **13150, Côte des Bouchard** **St-Augustin de Mirabel** **(Québec) J0N 1J0** **Tél : (450) 476-6168** **Sans frais :** **1-800-689-2466** **Fax : (450) 258-3985**	**Région de Québec** **771, chemin Royal** **St-Jean, Île d'Orléans** **(Québec) G0A 3W0** **Tél : (418) 829-3000** **Sans frais :** **1-800-243-1633** **Fax : (418) 829-2202**	**Région de l'Outaouais** **995, chemin du 6ᵉ rang** **Val des Monts** **(Québec) J8N 7V3** **Tél : (819) 669-9997** **Sans frais :** **1-877-669-9997** **Fax : (819) 669-8355**

19. Ferme Apicole Desrochers D.

M. Claude Desrochers et Mme Marie-Claude Dupuis, propriétaires

Située au cœur des Hautes-Laurentides, La Ferme Apicole Desrochers D. a su imprégner de la richesse des lieux les produits qu'elle vous offre. Spécialités : un miel gorgé d'arôme naturel. «L'Envolée» : un hydromel blanc et sec et un vin de miel rosé au léger parfum de framboise. «La Cuvée du Diable», un hydromel liquoreux très doux et capiteux.

Situé à 4,5 km du village Ferme-Neuve. Suivez la signalisation touristique gouvernementale.

Ferme Apicole Desrochers D. **113, rang 2 Gravel** **Ferme-Neuve (Québec) J0W 1C0** **Tél/Fax : (819) 587-3471**	**Ouvert toute l'année** **lun au ven de 10 h à 17 h** **sam et dim de 10 h à 16 h** **MasterCard - Paiement direct**

20. Hydroserre Mirabel

MIRABEL Frais

LAITUES DE QUALITÉ

Hydroserre Mirabel est le plus gros producteur de laitues en culture hydroponique au monde, avec 50 000 m^2 de serres sous contrôle climatique desquelles résulte une production de 10 millions de laitues par an. Spécialités : Laitue «Boston» et «Feuille de chêne», hydroponique de serre.

Hydroserre Mirabel **9200, rue Desvoyaux** **Saint-Augustin, Mirabel** **(Québec) J0N 1J0** **Tél : (450) 475-7924** **Sans frais : 1-888-868-6060** **Fax : (514) 475-6173**	**Ouvert tous les jours**

21. Intermiel

M. Christian Macle et Mme Viviane Macle, propriétaires

Entreprise spécialisée en produits de l'apiculture. Établie depuis 1976, Intermiel offre une gamme complète de produits et services de haute qualité dans les domaines de l'apiculture, de l'hydromellerie, des programmes et visites éducatives et industrielles. Miels, hydromels, soins de la peau «Apiflore», idées cadeaux, paniers et cadeaux d'entreprises.

Autoroute 640 Ouest, sortie 8; suivez les panneaux bleus indiquant l'hydromellerie Intermiel.

Intermiel **10291, La Fresnière** **Saint-Benoît, Mirabel** **(Québec) J0N 1K0** **Tél : (450) 258-2713** **Sans frais : 1-800-265-MIEL** **Fax : (450) 258-2708** **intermiel@sympatico.ca** **www.intermiel.com**	**Ouvert toute l'année de 9 h à 18 h** **jeu et ven jusqu'à 20 h** **visites guidées de 10 h à 17 h** **groupes et écoles sur réservation** **Visa - MasterCard - Paiement direct**

22. Laiterie des 3 Vallées

Mme Jocelyne Legault, gestionnaire

Mon Lait 3

laiterie des trois vallées

La Laiterie des 3 Vallées est la seule laiterie appartenant directement aux producteurs laitiers de la région. Elle vous offre le lait, la crème et le lait au chocolat frais du jour, embouteillés selon les procédés naturels et conventionnels. Consommer les produits «Mon Lait», c'est favoriser l'agriculture régionale, c'est croire en l'économie des Hautes-Laurentides et c'est un vrai régal.

Ouvert du lundi au vendredi.

Laiterie des 3 Vallées inc. **968, boul. A.- Paquette** **Mont-Laurier (Québec) J9L 1L8** **Tél : (819) 623-3531** **Fax : (819) 623-9164**

23. PIED-MONT / DORA

M. Louis Limoges, propriétaire

Que ce soit de la confiture, des garnitures à desserts, des tartinades, du sirop de table, du chutney aux fruits ou de la sauce aux fruits de mer, nous sommes fidèles à notre devise : offrir une qualité irréprochable. Présent dans les marchés au détail aussi bien qu'institutionnels, nous fabriquons un grand nombre de produits de marques privées couvrant ainsi la presque totalité des chaînes d'alimentation au Québec.

Pied-Mont / Dora inc. **176, Saint-Joseph** **Sainte-Anne-des-Plaines J0N 1H0** **Tél : (450) 478-0801** **Fax : (450) 478-6381**	**Ouvert toute l'année,** **du lun au ven de 8 h à 17 h**

24. ÉRABLIÈRE ET VERGERS VARIN

M. Harold Varin et Mme Nicole Varin, propriétaires

Notre établissement se distingue par le décor campagnard de sa boutique et par la disponibilité de ses produits de l'érable à l'année. Notre usine de transformation est accessible aux groupes sur rendez-vous. La présentation personnalisée des emballages est aussi primordiale chez nous. Enfin, nous sommes fiers de notre produit et le mettons en valeur.

Route 640 direction Oka, en face de la Trappe d'Oka; rang Ste-Sophie, 2e feu clignotant à gauche, rang Ste-Germaine.

Érablière et vergers Varin **300, rang Ste-Germaine** **Oka (Québec) J0N 1E0** **Tél : (450) 479-6232** **Fax : (450) 479-6628**	**Ouvert mars et avril :** **tous les jours,** **de 9 h à 17 h** **mai à déc : sam et dim** **Argent comptant seulement**

SOUPE DE PETITS FRUITS DES LAURENTIDES

500 ml	de thé au jasmin
500 ml	de vin blanc
4 c. à soupe	de sucre d'érable
150 gr	de raisins secs
100 gr	physalis (cerises de terre)
100 gr	mûres
200 gr	framboises
100 gr	groseilles
100 g	de copeaux de sucre d'érable
4	mini branches de feuilles de menthe

Vingt-quatre heures à l'avance, faire mariner les raisins secs avec le vin blanc, le thé de jasmin et le sucre d'érable

Couvrir et tenir au froid

Trois heures avant de servir, mélanger les fruits et les disposer à parts égales dans quatre assiettes creuses

Ajouter 250 ml du mélange obtenu au point 1 dans chaque assiette

Au moment de servir, décorer avec les feuilles de menthe finement ciselées

Garder au réfrigérateur jusqu'au moment de servir

Mettre les copeaux de sucre d'érable dans de petites assiettes sur la table et servir

Médaillons de Dindonneau aux Fines Herbes de Mirabel

Temps de préparation : 10 minutes - Temps de cuisson: 15 minutes
4 portions

750 gr (1 1/2 lb)	poitrine de dindonneau désossée
10 ml (2 c. thé)	beurre
10 ml (2 c. thé)	huile végétale
	sel et poivre au goût
15 ml (1c. table)	échalotes françaises
250 ml (1 tasse)	vin blanc sec
125 ml (1/2 tasse)	crème 35 %
250 ml (1 tasse)	demi-glace du commerce (sauce brune)
25 ml (2 c. table)	basilic frais haché
15 ml (1 c. table)	thym frais haché
15 ml (1 c. table)	origan frais haché
15 ml (1 c. table)	persil frais haché
15 ml (1 c. table)	ciboulette fraîche hachée

P.S.: Si vous utilisez des fines herbes séchées, réduire les quantités de moitié.

1. Sur une planche de travail, couper la poitrine de dindonneau en 8 médaillons .

2. Dans une poêle, faire fondre le beurre dans l'huile. Assaisonner et faire braiser les médaillons de dindonneau à feu moyen environ 2 minutes de chaque côté. Retirer de la poêle et réserver au chaud . . . .

3. Ajouter les échalotes et faire sauter légèrement. Déglacer au vin blanc et laisser réduire de moitié. Incorporer la crème, la demi-glace et les fines herbes et laisser mijoter de 3 à 4 minutes . . . .

4. Servir les médaillons, napper avec la sauce et accompagner de linguine et de légumes frais . . . .

LAVAL

«Dans la région des Deux-Montagnes, l'automne apportait la pomme dont on faisait la célèbre tarte et la délicieuse compote. [...] On a, depuis lors, appris à développer toute une cuisine au jus de pomme et au cidre.»[1]

Laval se reconnaît elle-même comme «l'île du Grand Montréal ». Située au cœur de la vallée du Saint-Laurent, la région est entourée de trois plans d'eau : la rivière des Mille Îles, le lac des Deux Montagnes et la rivière des Prairies. Située juste au nord de Montréal, cette île était autrefois connue sous le nom d'île Jésus.

Favorisée par son climat et par la nature de ses sols, cette région est reconnue comme «une ville au cœur de la campagne». Ses champs cultivés sont innombrables et les activités qui les entourent sont nombreuses.

On y cultive une grande quantité de légumes. La culture du brocoli, en particulier, a contribué à faire connaître ce produit. Chaque année, on attend la première récolte de maïs sucré de cette région réputée.

L'autocueillette est pratiquée chaque année dans les vergers, les fraisières et les framboisières. La région de Laval est reconnue pour sa production de melons, cantaloups et melons miel, d'une qualité exceptionnelle.

Des productions spécialisées se sont installées dans cette région des fromageries artisanales aussi bien que des cultures horticoles en serre. La production de roses est une spécialité de l'île de Laval.

La cuisine régionale s'inspire des ressources abondantes de la région et elle est une invitation à la découverte. D'autant plus qu'avec la proximité de cours d'eau importants, la région séduit nombre de visiteurs par la diversité et la qualité de ses paysages et de ses sites touristiques.

«La région compte 217 exploitations agricoles, ce qui représente 0,6 % du nombre total d'exploitations au Québec. La proportion d'exploitations à propriétaire unique est de 69.6% fortement supérieure à la moyenne québécoise de 60,1%. Fortement maraîchère, la région de Laval est prédominante dans la culture de certains fruits et légumes, tels que le cantaloup et le brocoli. La culture de fleurs et de plantes en serre est également importante. Les productions animales y sont peu présentes.»[2]

[1]Institut de tourisme et d'hôtellerie du Québec, *Cuisine traditionnelle des régions du Québec*, Les Éditions de l'homme, Les Publications du Québec.

[2]*Profil des exploitations agricoles*, 1995, MAPAQ

LAVAL

Laval
Montréal

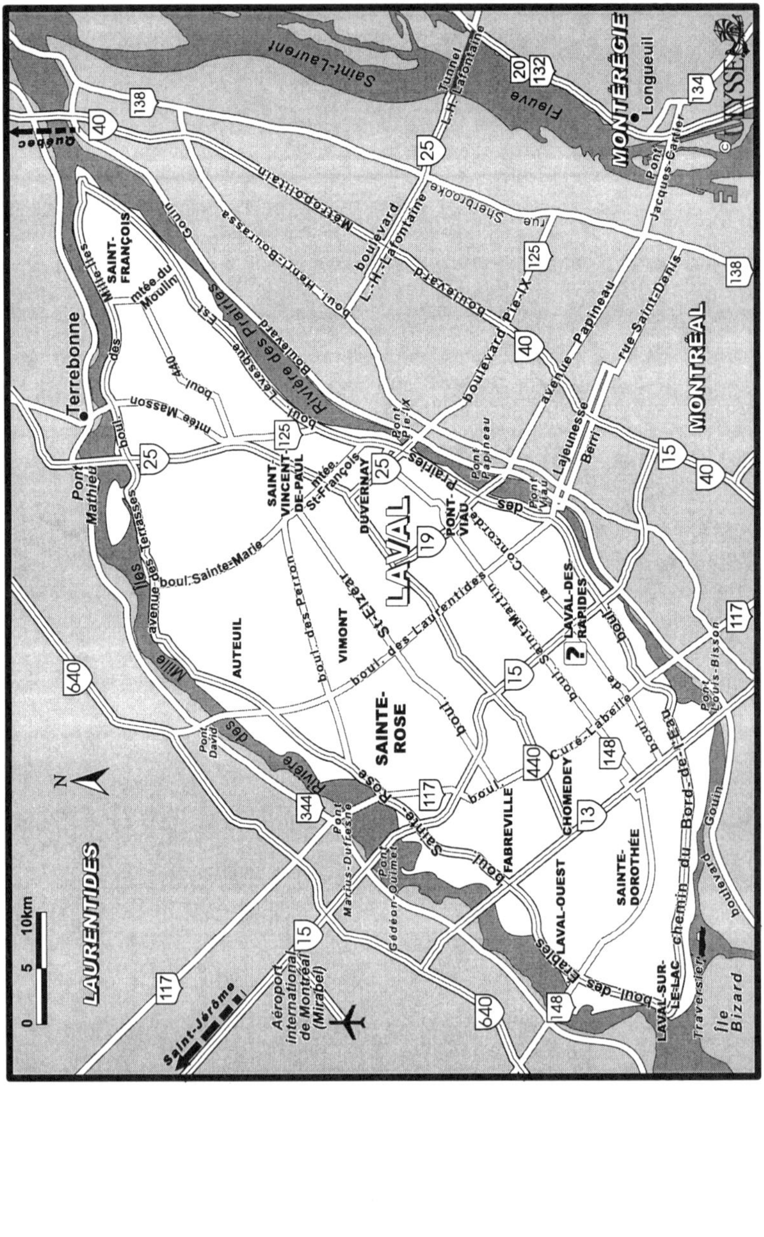

LAURENTIDES
MONTRÉAL
MONTÉRÉGIE
LAVAL
Longueuil
Terrebonne
Fleuve Saint-Laurent
Rivière des Prairies
Rivière des Mille Îles
SAINT-FRANÇOIS
SAINT-VINCENT-DE-PAUL
DUVERNAY
PONT-VIAU
LAVAL-DES-RAPIDES
AUTEUIL
VIMONT
SAINTE-ROSE
FABREVILLE
CHOMEDEY
SAINTE-DOROTHÉE
LAVAL-OUEST
LAVAL-SUR-LE-LAC
Île Bizard
Aéroport international de Montréal (Mirabel)
Saint-Jérôme
Québec
Tunnel L.-H.-Lafontaine
Pont Jacques-Cartier
Pont Mathieu
Pont Pie-IX
Pont Papineau
Pont Viau
Pont Louis-Bisson
Pont David
Pont Marius-Dufresne
Pont Gédéon-Ouimet
Traversier
boul. Sainte-Marie
boul. des Laurentides
boul. Saint-Martin
boul. Curé-Labelle
boul. Lévesque Est
boulevard Pie-IX
avenue Papineau
rue Saint-Denis
rue Sherbrooke
boulevard Gouin
boulevard Métropolitain
boul. Henri-Bourassa
boulevard L.-H.-Lafontaine
chemin du Bord-de-l'Eau
0 5 10km
© ULYSSE

1. LES MENUS-PLAISIRS

M. Robert Décary, propriétaire
M. François Labrecque, chef

Chez nous, la fine cuisine régionale est à l'honneur et sa qualité lui a permis d'obtenir en 1998 le 1er prix du développement de la restauration québécoise de Laval des Grands Prix du Tourisme Québécois. Notre carte des vins compte plus de cinq cents produits et l'ambiance est propice tant aux repas d'affaires qu'aux rencontres romantiques. Au plaisir!

Aut 15, sortie 16, boul. Ste-Rose vers l'est; roulez 1,5 km, passez le feu de circulation, 2e arrêt à droite.

Les Menus-Plaisirs **244, boul. Sainte-Rose** **Sainte-Rose, Laval** **(Québec) H7L 1L9** **Tél : (450) 625-0976** **Fax : (450) 625-8495** **Courriel : menus@netrover.com**	**Table d'hôte (midi) 9,95$ à 14,95$** **Table d'hôte (soir) 20$ à 33$** **À la carte de 18$ à 28$** **Carte des vins de 18$ à 1000$** **lundi au vendredi 11 h 30 à 14 h 30** **et tous les soirs de 17 h 30 à 22 h 30** **Visa - MasterCard - AmEx - Paiement direct**

2. LA RENAUDIÈRE, L'ANSE D'OR «LE» RESTAURANT

Mmes Denise Dehaut et Monique Dehaut, propriétaires
M. André Lemieux, chef

Lauréat Régional 1999 «Développement de la restauration québécoise». Situé dans une maison de style victorien érigée en 1912, ambiance chaleureuse, salons intimes, terrasse fleurie. En saison, les fleurs comestibles, fines herbes et légumes sont cueillis dans notre jardin. Spécialités : gibiers, canard, ris de veau, poisson frais, fromages du terroir et desserts maison.

Autoroute 15, sortie 16 (boul. Ste-Rose Est) à environ 3 km. Autobus 72 du terminus Laval à Ahuntsic.

La Renaudière, L'Anse D'Or **«Le» Restaurant** **94, boul. Ste-Rose Ouest** **Laval (Québec) H7L 1K4** **Tél : (450) 622-7963** **Fax : (450) 625-1235**	**Table d'hôte (midi) 9,50$ à 20$** **Table d'hôte (soir) 22$ à 36$** **À la carte de 5$ à 39$** **Carte des vins de 18$ à 275$** **Ouvert toute l'année :** **mar au ven 11 h 30 à 14 h** **mar au sam 17 h 30 à 21 h 30** **Visa - MasterCard - AmEx - Paiement direct**

3. École hôtelière de Laval

Commission de Laval, propriétaire

L'ambiance chaleureuse du Grand Cru vous enchantera et l'accueil personnalisé des étudiants feront de votre visite une expérience à refaire plus d'une fois...

Autoroute 15, boul. Labelle Nord.

École hôtelière de Laval **190, rue Roseval** **Sainte-Rose, Laval** **(Québec) H7L 2V6** **Tél : (450) 963-3957** **Fax : (450) 963-3203**	**Table d'hôte de 8$ à 15$** **À la carte de 12$ à 20$** **Carte des vins de 15$ à 55$** **Ouvert de sept à juin** **mar au ven** **déjeuner : 11 h 50 ou 12 h 10** **dîner : 18 h 30 ou 19 h** **Visa - MasterCard - Paiement direct**

CHIFFONNADE DE PORC AU FROMAGE DE CHÈVRE

Donne 40 bouchées

10 . . . . tranches de pain 5 grains, coupées en 4
250 ml (1 tasse) . . . . de fromage à la crème
80 g (3 oz) . . . . de fromage de chèvre affiné
30 ml (2 c. à soupe) . . . . de fleur d'ail
250 g (½lb) . . . . de chiffonnade de rôti de porc, du Québec, déjà cuit
50 g (2 oz) . . . . de cheddar Perron en lamelles
. . . . poivre au goût

Mélanger le fromage à la crème avec le fromage de chèvre et la fleur d'ail . . . . .

Griller le pain . . . .

Tartiner les tranches de pain du mélange de fromages . . . .

Ajouter la chiffonnade de rôti de porc, puis le cheddar sur le dessus . . . .

Passer au four sous le gril une à deux minutes pour faire fondre le cheddar et servir aussitôt . . . .

Fêta de Chèvre Mariné sur Coeur de Boston et Jeunes Pousses de Maïs

250 g .... fêta de chèvre
1 .... pomme
3 .... céleri, en branche
1 .... échalote française
2 .... gousse d'ail
1 .... romarin, en branche
1 .... baume, en branche
100 ML :.. huile de tournesol
60 ML .... Jjs de citron
50 ML .... sirop d'érable
q.s. .... sel et poivre du moulin
1 .... laitue boston
1 .... laitue radicchio
q.s. .... jeunes pousses de maïs
q.s. .... framboises

Faire une julienne avec la pomme et le céleri ....
Hacher l'ail et l'échalote française ....
Ciseler légèrement le romarin et la baume ....
Mélanger tous les ingrédients et laisser reposer 24 heures ....
Bien faire égoutter l'appareil de Fêta ....
Disposer le Fêta sur un coeur de boston et radicchio ....
Déposer en garniture les jeunes pousses de maïs et quelques framboises fraîches
Servir nappé de la vinaigrette au yogourt de chèvre ....

Vinaigrette au Yogourt de Chèvre

3 c. à soupe .... Ciboulette
25 ml .... Jus de citron
.... Sel et poivre du moulin
15 ml .... Moutarde de Dijon
6 feuilles .... Baume
250 ml .... Yogourt nature
15 ml .... Miel

Hacher la ciboulette et le baume ....
Mélanger tous les ingrédients ensemble ....
Bien assaisonner ....
Réserver ....

MAURICIE–BOIS-FRANCS

«Zone de contrastes par excellence, cette région illustre la diversité du pays. Au sud du Saint-Laurent prospèrent l'industrie laitière et l'agriculture, alors que la forêt constitue la richesse de la Mauricie, où abonde le gibier. Quant aux Bois-Francs, ils sont incontestablement les rois de l'érable.»[1]

Pays d'eau, de montagnes et de forêts, cette région que traverse le Saint-Laurent s'étire vers l'Abitibi-Témiscamingue, entre le Saguenay–Lac-Saint-Jean et Lanaudière, à mi-chemin entre Montréal et Québec.

La région Mauricie–Bois-Francs se distingue par la richesse de ses ressources naturelles, et la cuisine régionale bénéficie de cette diversité.

Dans cette région réputée pour la chasse et la pêche, le gibier et le poisson entrent depuis toujours dans la composition de plusieurs plats. Le plus accessible est sans doute celui qui fait appel aux petits poissons des chenaux, dont Sainte-Anne-de-la-Pérade est le berceau.

La région en est une d'importance pour l'agriculture, autant pour la culture céréalière et fourragère que pour celle des légumineuses. L'industrie laitière y est très développée, et, avec elle, l'industrie fromagère. À ce chapitre, la chèvre occupe une place de choix. L'une des premières fromageries caprines y a d'ailleurs vu le jour.

Depuis quelques années, la culture de la canneberge prend un essor considérable, donnant lieu à la création d'un centre d'interprétation.

Mais l'érable est incontestablement le roi de cette région et teinte agréablement la cuisine régionale, et ce bien au-delà des desserts.

[1]Institut de tourisme et d'hôtellerie du Québec, *Cuisine traditionnelle des régions du Québec*, Les Éditions de l'homme, Les Publications du Québec.

MAURICIE—BOIS-FRANCS

1. Auberge Godefroy

M. Bernard Gill, chef

Conforme aux critères de qualité supérieure de l'auberge, la salle à manger de l'hôtel offre une cuisine équilibrée au goût recherché mettant en valeur les produits régionaux. La variété des tables d'hôtes et des plats principaux, les menus gastronomiques et la carte des vins remarquable enchanteront les plus fins gourmets dans un charmant décor avec vue panoramique.

De Montréal : Autoroute 40 Est, sortie 196, direction route 155 Sud, sortie 176 ou autoroute 20 Est, sortie 200, direction 155 Nord, sortie 176.

Auberge Godefroy **17575, boul. Bécancour** **secteur Saint-Grégoire** **Bécancour (Québec) G0X 2T0** **Tél : (819) 233-2200** **Fax : (819) 233-2288** **Courriel :** **auberge.godefroy@sympatico.ca**	**Table d'hôte de 24$ à 36$** **Carte des vins de 24$ à 194$** **Ouvert toute de l'année,** **tous les jours de 7 h à 22 h** **Visa - MasterCard - AmEx - Paiement direct**

MAURICIE-BOIS-FRANCS

2. Le Baluchon, Auberges et Seigneurie Volant

M. Louis Lessard, Président, et M. Yves Savard, Vice-Président
M. Patrick Gérôme, chef

Situé sur un site naturel enchanteur, Le Baluchon vous propose un séjour inoubliable : une cuisine gastronomique régionale et française, un relais santé, de charmantes auberges et une multitude d'activités à La Seigneurie Volant. Vous trouverez aussi sur le site une érablière et une microbrasserie.

Prenez la sortie de Louiseville (166 ou 174) sur l'autoroute 40, tournez sur la route 138, et suivez la route 349 en direction de Saint-Paulin. Arrivé au village, continuez tout droit sur 4 km, puis tournez à droite sur le chemin des Trembles.

Le Baluchon, **Auberges et Seigneurie Volant** **3550, chemin des Trembles** **St-Paulin (Québec) J0K 3G0** **Tél : (819) 268-2555** **ou 1-800-789-5968** **Fax : (819) 268-5234** **www.baluchon.com**	**Table d'hôte de 20,95$ à 45,95$** **À la carte de 2,50$ à 26,95$** **Carte des vins de 10,50$ à 100$** **Brunch : 10 h à 13 h 30** **déjeuner : 12 h à 14 h** **dîner : 17 h 30 à 19 h 30 en semaine et** **17 h 30 à 20 h 30 la fin de semaine** **Visa - MasterCard - AmEx - Paiement direct**

3. Hôtel Delta Trois-Rivières

Groupe Pomerleau, propriétaire
M. Benoît Dufour, chef

Cuisine raffinée à saveur régionale au restaurant le Troquet.

Autoroute 40 Est ou Ouest, sortie 199 (Trois-Rivières), rue Saint-Roch (sens unique), direction centre-ville.

Hôtel Delta Trois-Rivières **1620, rue Notre-Dame** **Trois-Rivières (Québec) G9A 6E5** **Tél : (819) 376-1991** **Fax : (819) 372-5975**	**Table d'hôte de 13,95$ à 24,95$** **À la carte de 2,95$ à 26,95$** **Carte des vins de 18,95$ à 79,95$** **Ouvert toute l'année, lun au dim, de 7 h à 21 h 30** **Visa - MasterCard - AmEx - Paiement direct**

4. L'Auberge du Lac Saint-Pierre

M. Jean-Guy Morissette et Mme Gisèle Poliquin, propriétaires
M. Patrice Lafreniere, chef

Classée 4 étoiles par Hébergement Québec, L'Auberge du Lac St-Pierre s'est vue décerner plusieurs prix d'excellence pour son accueil et la qualité de sa table. On y goûte une fine cuisine québécoise moderne et imaginative d'inspiration française, qui s'efforce de mettre en valeur les produits régionaux. Le service est assuré par un personnel attentif et professionnel. Vue magnifique sur le fleuve.

De la Rive Nord : Autoroute 40, sortie 187, et suivre les panneaux publicitaires. De la Rive Sud : Autoroute 20, sortie Trois-Rivières, prendre le pont Laviolette, puis 1re sortie (Notre-Dame, Route 138), puis tournez vers l'ouest.

L'Auberge du Lac St-Pierre **1911, Notre-Dame** **(Route 138) C.P.10** **Pointe-du-Lac (Québec) G0X 1Z0** **Tél : (819) 377-5971** **Sans frais : 1-888-377-5971** **Fax : (819) 377-5579** **Courriel : lacstpierre@tr.cgocable.ca**	**Table d'hôte de 25,95$ à 37,95$** **À la carte de 16,95$ à 28,95$** **Carte des vins de 23$ à 525$** **Ouvert tous les jours** **Petit-déjeuner : 7 h 30 à 11 h** **Dîner : 11 h 30 à 13 h** **Souper : 18 h à 20 h 30** **Visa - MasterCard - AmEx - Paiement direct**

5. Restaurant Le Perce-Neige

M. Steve Pratte, propriétaire et chef

Petit restaurant coquet qui met en évidence les produits du Québec. Service sous cloche, musique jazz. Voici quelques-unes de nos spécialités : aiguillettes de porc marinées aux herbes salées, foie gras de canard au torchon, marmelade de tomates et citron, carré de porc à l'ail rôtie.

Autoroute 40, sortie Thibault Sud, direction centre-ville. Vers le sanctuaire Notre-Dame-du-Cap. Sur la 138 ou centre-ville de Cap-de-la-Madeleine.

Restaurant Le Perce-Neige **111, Saint-Laurent** **Cap-de-la-Madeleine** **(Québec) G8T 6G4** **Tél : (819) 375-0434** **Fax : (819) 375-7071** **Courriel : prattes@videotron.ca**	**Table d'hôte de 19$ à 40$** **À la carte de 12$ à 35$** **Carte des vins de 20$ à 60$** **Ouvert mer au dim** **17 h à 22 h** **Visa - MasterCard**

6. À La Claire Fontaine

M. Michel Vallée et Mme Hélène Vallée, propriétaires
M. Pierre Normand, chef

Décor recherché et cuisine raffinée. Entreprise familiale depuis 46 ans. Spécialités à l'érable et aux canneberges. Lapin, volaille, cerf. Saumon fumé à l'érable.

De Montréal : autoroute 20, sortie 228 (suivre Plessisville). De Québec : autoroute 20, sortie 253.

À La Claire Fontaine **2165, Saint-Calixte** **Plessisville (Québec) G6L 1S2** **Tél : (819) 362-6388** **Fax : (819) 362-2544**	**Table d'hôte le midi de 10$ à 17$** **Table d'hôte en soirée de 18,95$ à 30,95$** **Carte des vins de 25$ à 1000$** **Ouvert toute l'année** **lun au ven de 11 h à 14 h et de 17 h à 21 h** **samedi de 17 h à 22 h; fermé le dimanche** **Visa - MasterCard - AmEx - Paiement direct**

7. Fromage Côté

M. Georges Côté, propriétaire

Fromagerie industrielle regroupant un comptoir de vente de fromage et un comptoir-restaurant de type cafétéria. Possibilité de dégustation, visionnement d'un vidéo corporatif, accueil pour voyage de groupe sur réservation, accès visuel sur la production.

De Montréal ou Québec (1 h 30) : autoroute 20, sortie 210, route 955 vers St-Albert, puis Warwick. De Sherbrooke (1 h) : route 55 Nord, sortie 88 à Richmond; prenez la 161 direction Victoriaville jusqu'à Warwick.

Fromage Côté **80, rue Hôtel de Ville** **Warwick (Québec) JOA 1M0** **Tél : (819) 358-3300** **Fax : (819) 358-3348** **Courriel : fkingsey@ivic.qc.ca**	**Ouvert toute l'année, tous les jours** **fermé 25 déc et 1er jan** **Visa - MasterCard - AmEx - Paiement direct**

8. Les Autruches de la Mauricie

M. Christian Bergeron, propriétaire

Grossiste en viande d'autruche, produits transformés, autruche fumée à froid, rôti d'autruche cuit, terrine, filet mignon, burger, parfait de foie, etc.

Les Autruches de la Mauricie
190, Pied-de-la-Côte
Maskinongé (Québec) J0K 1N0
Tél : (819) 227-4680
Fax : (819) 227-2240
Courriel : autruche@itr.qc.ca

9. SOURCES SAINT-JUSTIN DEPUIS 1895

Mme Nicole Lelièvre, propriétaire
Mme Suzanne Alarie, responsable Sources Saint-Justin

Au cœur du Québec, et plus précisément en Mauricie, jaillit l'eau minérale naturelle Saint-Justin. Embouteillée à la source même, comme les grandes marques européennes, Saint-Justin se démarque par son léger pétillement et ses propriétés digestives efficaces mais discrètes. Son goût unique et un contrôle de qualité des plus rigoureux font d'elle l'eau souriante, la préférée des gens de goût.

Ouvert du lundi au vendredi de 8 h à 16 h.

Sources Saint-Justin **371, rue Gagné** **Saint-Justin, Maskinongé** **(Québec), J0K 2V0** **Tél : (819) 227-2106** **Pour informations : (514) 482-7221**	**OGEM Ltée** **5260, ave. Notre-Dame-de-Grâce** **Montréal (Québec) H4A 1K9** **Tél : (514) 482-7221** **Fax : (514) 482-7093** **Courriel : ogem@aira.com**

MÉDAILLONS DE DORÉ DU LAC ST-PIERRE

Quantité: 6 portions - Préparation : 40 minutes
Cuisson : 1h10 minutes - Degré de difficulté : élevé

200 g (6 ⅔ oz)	de parures de poisson (arêtes, queue, tête)
15 ml (1 c. à soupe)	de thym
15 ml (1 c. à soupe)	de persil
2 feuilles	de laurier
5 feuilles	de céleri
1	blanc de poireau, haché grossièrement
250 ml (1 tasse)	de vin blanc
Eau	au besoin
30 ml (2 c. à soupe)	de beurre
30 ml (2 c. à soupe)	de farine
15 ml (1 c. à soupe)	d'aneth frais haché
100 ml (⅓ tasse + 5 c. à thé)	de crème 15 %
	Sel et poivre
150 g (5 oz)	d'épinards
150 g (5 oz)	de pétoncles
30 ml (2 c. à soupe)	d'aneth ferais haché
75 ml (⅓ tasse)	de crème 15 %
45 ml (3 c. à soupe)	de vin blanc sec
6	filets de doré frais

Dans une grande casserole, mettre les parures de poisson, le thym, le persil, le laurier, le céleri, le poireau et le vin
Couvrir d'eau froide à hauteur
Cuire 1 heure à feu doux
Retirer du feu
Passer au chinois (tamis très fin) et transvaser le bouillon dans la casserole
Dans un petit bol, bien mélanger le beurre et la farine pour former un beurre manié. Remettre la casserole sur le feu. Ajouter le beurre manié au bouillon, tout en fouettant. Poursuivre la cuisson en remuant constamment, jusqu'à consistance lisse
Retirer du feu
Ajouter l'aneth et la crème. Saler et poivrer. Bien mélanger
Réserver le velouté au chaud
Remplir à demi une casserole d'eau salée
Amener à ébullition. Y faire cuire les épinards 1 minute. Retirer du feu
Égoutter et rincer les épinards à l'eau froide
Éponger les épinards avec un linge propre. Les hacher très finement
Dans le robot culinaire, déposer les épinards, les pétoncles, l'aneth, la crème et le vin blanc. Saler et poivrer
Réduire le tout en un hachis homogène
Couvrir les filets de doré de cette farce
Rouler les filets sur eux-mêmes
Envelopper chaque filet dans du papier d'aluminium. Bien refermer les extrémités.
Déposer dans une marguerite. Cuire à la vapeur 9 minutes
Développer les filets et les trancher en trois rondelles
Napper chaque assiette de velouté à l'aneth. Déposer un filet tranché dans chaque assiette

MONTÉRÉGIE

«Vergers luxuriants, cours d'eau poissonneux, forêts giboyeuses et érablières nombreuses concourent à la prospérité de cette région. Grâce aux terres fertiles des vallées du Richelieu et de la Châteauguay, elle est devenue le "jardin du Québec".»[1]

La région au sud de Montréal, de Châteauguay à Contrecœur, le Haut et le Bas-Richelieu, de Hemmingford à Sainte-Anne-de-Sorel, composent la Montérégie.

La région mérite bien son appellation de «Jardin du Québec». Elle est une des plus belles régions agricoles du Québec avec une production maraîchère importante. Les terres noires de la vallée du Richelieu sont propices à la culture d'une grande variété de légumes : pommes de terre, oignons, carottes, radis, laitues, céleris, choux, pour n'en nommer que quelques-uns. Leur abondance est telle qu'une bonne partie de la production est exportée à l'extérieur de la province.

Les érablières sont l'une des richesses de la région. Mais la pomiculture n'est pas en reste. De nombreux vergers sont célèbres pour la qualité de leur production et pour le dynamisme des pomiculteurs et pomicultrices. On ne se contente plus de vendre les pommes, on les transforme en jus, en gelée, en compote, et, depuis quelques années, la Montérégie produit des cidres de grande qualité.

La culture de la vigne a fait son entrée dans cette région qui bénéficie de microclimats propices à la fabrication de bons vins. La cuisine s'inspire des productions locales et garde le souvenir de traditions anciennes. On peut encore déguster la «gibelotte» à Sainte-Anne-de-Sorel, l'un des plats typiques, à base de poisson.

[1] Institut de tourisme et d'hôtellerie du Québec, *Cuisine traditionnelle des régions du Québec*, Les Éditions de l'homme, Les Publications du Québec.

MONTÉRÉGIE

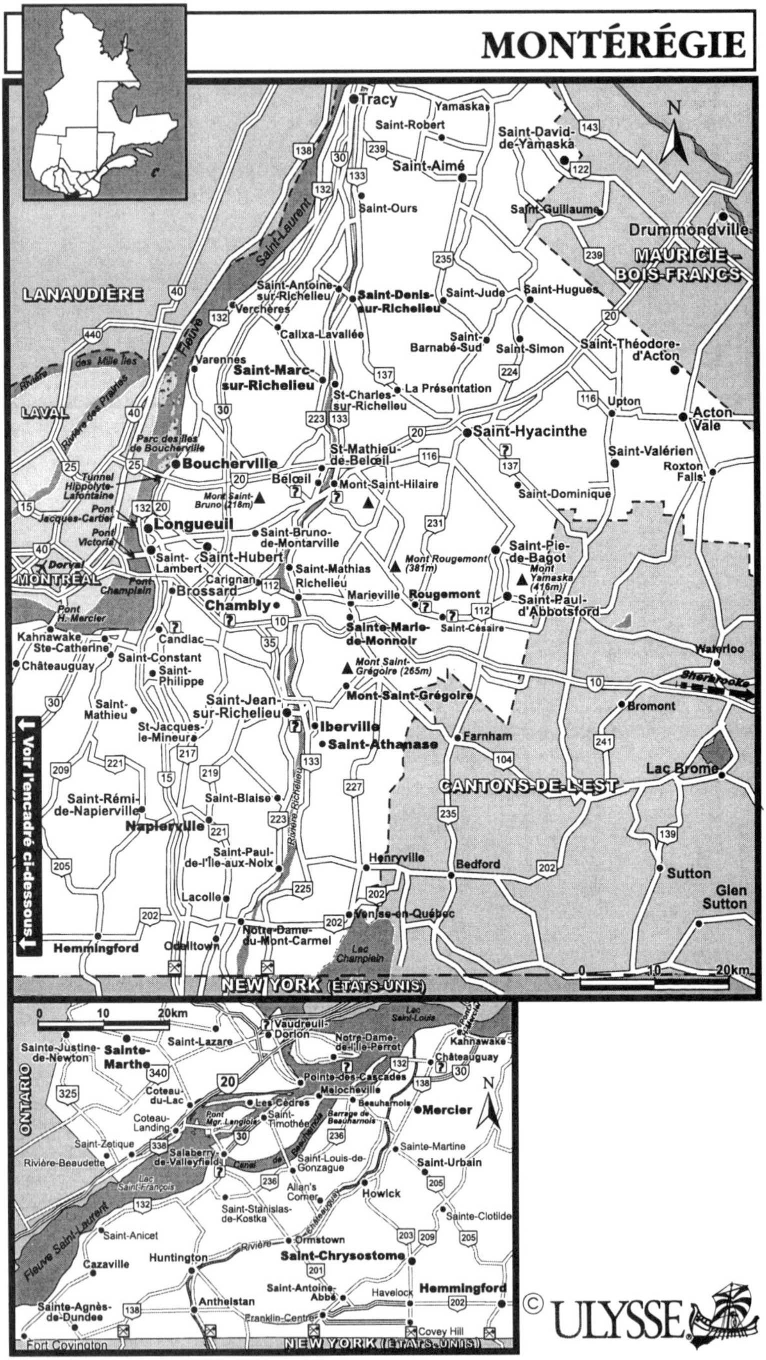
Tracy
Yamaska
Saint-Robert
Saint-David-de-Yamaska
Saint-Aimé
Saint-Ours
Saint-Guillaume
Drummondville
MAURICIE – BOIS-FRANCS
Fleuve Saint-Laurent
LANAUDIÈRE
Saint-Antoine-sur-Richelieu
Saint-Denis-sur-Richelieu
Saint-Jude
Saint-Hugues
Verchères
Calixa-Lavallée
Saint-Barnabé-Sud
Saint-Simon
Saint-Théodore-d'Acton
Rivière des Mille Îles
Varennes
Saint-Marc-sur-Richelieu
LAVAL
Rivière des Prairies
St-Charles-sur-Richelieu
La Présentation
Upton
Acton Vale
Parc des îles de Boucherville
Saint-Hyacinthe
Saint-Valérien
St-Mathieu-de-Belœil
Bouchervile
Tunnel Hippolyte-Lafontaine
Belœil
Mont-Saint-Hilaire
Roxton Falls
Saint-Dominique
Mont Saint-Bruno (218m)
Pont Jacques-Cartier
Longueuil
Saint-Bruno-de-Montarville
Pont Victoria
Saint-Lambert
Saint-Hubert
Mont Rougemont (381m)
Saint-Pie-de-Bagot
Dorval
MONTRÉAL
Saint-Mathias Richelieu
Mont Yamaska (416m)
Pont Champlain
Carignan
Brossard
Marieville
Rougemont
Saint-Paul-d'Abbotsford
Pont H. Mercier
Chambly
Saint-Césaire
Kahnawake
Ste-Catherine
Candiac
Sainte-Marie-de-Monnoir
Waterloo
Châteauguay
Saint-Constant
Saint-Philippe
Mont Saint-Grégoire (265m)
Sherbrooke
Saint-Mathieu
Saint-Jean-sur-Richelieu
Mont-Saint-Grégoire
Bromont
St-Jacques-le-Mineur
Iberville
Farnham
Saint-Athanase
Voir l'encadré ci-dessous
Lac Brome
Saint-Rémi-de-Napierville
Saint-Blaise
Rivière Richelieu
CANTONS-DE-L'EST
Napierville
Saint-Paul-de-l'Île-aux-Noix
Henryville
Bedford
Sutton
Lacolle
Glen Sutton
Venise-en-Québec
Hemmingford
Odelltown
Notre-Dame-du-Mont-Carmel
Lac Champlain
0 10 20km
NEW YORK (ÉTATS-UNIS)
N
0 10 20km
Lac Saint-Louis
Vaudreuil-Dorion
Pont Mercier
Sainte-Justine-de-Newton
Sainte-Marthe
Saint-Lazare
Notre-Dame-de-l'Île-Perrot
Kahnawake
Châteauguay
ONTARIO
Pointe-des-Cascades
Coteau-du-Lac
Melocheville
Les Cèdres
Beauharnois
Mercier
Coteau-Landing
Pont Mgr. Langlois
Saint-Timothée
Barrage de Beauharnois
Saint-Zotique
Sainte-Martine
Rivière-Beaudette
Salaberry-de-Valleyfield
Canal de Beauharnois
Saint-Louis-de-Gonzague
Saint-Urbain
Lac Saint-François
Allan's Corner
Howick
Fleuve Saint-Laurent
Saint-Stanislas-de-Kostka
Sainte-Clotilde
Saint-Anicet
Rivière Châteauguay
Ormstown
Cazaville
Huntington
Saint-Chrysostome
Saint-Antoine-Abbé
Havelock
Hemmingford
Sainte-Agnès-de-Dundee
Anthelstan
Franklin-Centre
Covey Hill
Fort Covington
NEW YORK (ÉTATS-UNIS)

1. Auberge des Gallant

M. et Mme Gérard et Linda Gallant, propriétaires
M. André Durand, chef

Notre auberge, située au coeur d'une réserve ornithologique fréquentée par des chevreuils, et ce, à 45 minutes de Montréal, est une source de ravissement pour tous nos visiteurs. Tout comme la nature, gastronomie (4 étoiles Guide Debeur), confort et petites attentions sont fidèles au rendez-vous. Brunch le dimanche avec balade de traîneau.

Entre Montréal et Ottawa. Prenez l'autoroute 40 en direction ouest, sortie 17. Tournez à votre gauche et continuez sur 5 km sur la route 201 sud. Tournez à droite sur le chemin St-Henri et faites 8 km.

Auberge des Gallant **1171, Chemin St-Henri** **Sainte-Marthe (Québec) J0P 1W0** **Tél : (450) 459-4241** **Sans frais : 1-800-641-4241** **Fax : (450) 459-4667** **Courriel : gallant@rocler.qc.ca**	**Table d'hôte de 25$ à 40$** **Carte des vins de 22,95$ à 399$** **Ouvert à l'année, tous les jours sur réservation de 8 h à 22 h** **Visa - MasterCard - AmEx - Paiement direct**

MONTÉRÉGIE

2. L'Hermine

M. Gaétan Ouimet et Mme Hermine Bourdeau Ouimet, propriétaires
Mme Hermine Bourdeau Ouimet, chef

Sur le flanc de la Covey, venez vous régaler dans une vraie cabane à sucre à l'atmosphère chaleureuse et familiale. Vous profiterez de la tranquillité au cœur d'une érablière située dans un site pittoresque. Procurez-vous aussi des produits de l'érable parmi notre grande variété. Spécialités : tarte au sirop d'érable, fèves aux lards et autres mets québécois faits sur place.

De Montréal : route 138 jusqu'à Sainte Martine, route 203 jusqu'au rang St-Charles ou aut. 15 sud jusqu'à 202, direction Havelock, après 203 jusqu'au rang St-Charles. De Valleyfield : route 201, jusqu'à la 202, 3 km, rang St-Charles.

L'Hermine **212, rang St-Charles, C.P. 600** **Saint-Chrysostôme J0S 1R0** **Tél : (450) 826-3358** **sans frais : 1-888-LESUCRE** **Fax : (450) 826-1006**	**Table d'hôte de 8$ à 18$** **À la carte de 2$ à 10$** **Carte des vins de 9$ à 20$** **Ouvert à l'année, tous les jours 9 h à 22 h** **Visa - MasterCard - AmEx - Paiement direct**

3. Hostellerie Les Trois Tilleuls

M. Michel Aubriot, propriétaire
M. Jean-François Méthot, chef

Au coeur du Québec, une belle demeure vous accueille chaleureusement dans un cadre enchanteur, au bord de la rivière Richelieu. Les chambres fleuries sont prolongées de terrasses. Un endroit propice aux escapades dans une nature préservée. Cuisine haut de gamme et grande carte des vins.

De l'aéroport : autoroute 20 direction Québec, sortie 112; route 223 Nord sur 7 km.

Hostellerie Les Trois Tilleuls **290, rue Richelieu** **Saint-Marc-sur-Richelieu** **(Québec) JOL 2E0** **Tél : (514) 856-7787** **Fax : (450) 584-3146** **Courriel : host.3tilleuls@sympatico.ca**	**Table d'hôte (midi) 18,75$** **À la carte (soirée) 30$ à 50$** **Carte des vins de 28,50$ à 250$** **Ouvert à l'année, tous les jours** **Visa - MasterCard - AmEx - Paiement direct**

4. Les Quatre Feuilles

M. Louis Tremblay, propriétaire et chef

Halte gourmande et relais champêtre. Spécialités de la pomme et de l'érable. Érablière avec menus gourmets-gourmands. Théâtre d'été avec buffets et table d'hôte, vergers et Festin de la pomme, brunchs du dimanche et service-traiteur.

Autoroute 20, sortie 115. Suivez les indications pour les vergers et le théâtre de Rougemont.

Les Quatre Feuilles inc. **360, rang de la Montagne** **Rougemont (Québec) JOL 1M0** **Tél : (450) 469-4955** **Fax : (450) 469-0963**	**Table d'hôte de 20$ à 39$** **À la carte de 15$ à 30$** **Carte des vins de 15$ à 40$** **Visa - MasterCard - Paiement direct**

5. Fourquet Fourchette

Unibroue, propriétaire
M. Ronald Marcotte, chef

À 20 min. de Montréal, voisin de l'historique Fort-Chambly, le Fourquet Fourchette vous fait découvrir les caractéristiques des bières artisanales de dégustation et la gastronomie à la bière. Que ce soit à la salle «Au nom du Père» ou à la salle Jean-Talon, le chef Ronald Marcotte vous invite à déguster des spécialités du terroir québécois. Magnifique terrasse avec vue imprenable sur le bassin de Chambly.

De Montréal : prenez le pont Champlain jusqu'à la sortie de Chambly (sortie 22). Direction Chambly sur le boul. Fréchette, jusqu'à la rue Bourgogne; tournez à droite, passez les écluses nous sommes à 150 mètres sur la gauche, à côté du fort.

Fourquet Fourchette **1887, rue Bourgogne** **Chambly (Québec) J3L 1Y8** **Tél : (450) 447-6370** **Fax : (450) 447-3032**	**Table d'hôte de 15,95$ à 24,95$** **À la carte de 6,95$ à 15,95$** **Ouvert toute l'année** **Visa - MasterCard - AmEx - Paiement direct**

6. Les Chanterelles du Richelieu

M. Patrick Vesnoc et Mme Nicole Houle, propriétaires
M. Patrick Vesnoc, chef

Anciennement chef propriétaire du restaurant Vent Vert à Montréal, Patrick Vesnoc vous accueille sur le bord du Richelieu dans sa magnifique maison victorienne 1905 transformée en relais gastronomique. Cuisine soignée du terroir d'inspiration française. Spécialités : pintade de la vallée, mignon de veau, saumon fumée...

Autoroute 20, sortie 113, direction St-Charles. À 20 km de la sortie de l'autoroute.

Les Chanterelles du Richelieu **611, chemin des Patriotes** **Saint-Denis-sur-Richelieu** **(Québec) JOH 1K0** **Tél/fax: (450) 787-1167** **Courriel :** **chanterelle1@videotron.ca**	**Table d'hôte de 22,50$ à 29,75$** **À la carte de 15,95$ à 23,50$** **Carte des vins de 16,75$ à 315$** **Ouvert mer à dim de 17 h à 22 h** **brunch le dim** **fermé mi-fév à mi-mars** **Visa - MasterCard - AmEx**

7. Restaurant et Ferme l'Autruche Dorée

M. et Mme Michel et Chantal Noiseux et Clément et Suzanne Noiseux, propriétaires

Entre amis ou pour vos réunions d'affaires. Dans une ambiance exotique et chaleureuse aux couleurs de l'Afrique, découvrez l'autruche. Tous vos sens seront comblés! Les propriétaires se feront un plaisir de vous faire découvrir l'univers fascinant de cet oiseau bien implanté au Québec. De l'oeuf à l'assiette, un concept unique au Québec.

Autoroute 10, sortie 37, direction 227 Nord jusqu'à la 112. Prendre à gauche, 1er rang à droite. À 3,5 km de la route 112. À 20 minutes de Montréal.

Restaurant et Ferme L'Autruche Dorée 505, Ruisseau St-Louis O. Sainte-Marie de Monnoir (Québec) J3M 1P1 Tél/Fax : (450) 460-2446	**Table d'hôte de 14,95$ à 26,95$ Menu de gala 32,95$ à 52,95$ Carte des vins de 19$ à 39$ ven et sam à partir de 18 h sur réservation seulement ouvert en tout temps pour 20 pers. et plus Visa - MasterCard - AmEx - Paiement direct**

8. Centre de formation professionnelle Jacques-Rousseau

Commission scolaire Marie-Victorin

L'Ardoise

Le Centre de formation offre, dans le secteur de l'alimentation, des cours de cuisine d'établissement, de cuisine actualisée, de pâtisserie, de pâtisserie de cuisine, de service de la restauration et de boucherie. Notre salle à manger offre des produits du terroir.

De la route 132 à Longueuil, sortie Roland-Therrien, jusqu'à la rue de Gentilly.

Centre de formation professionnelle Jacques-Rousseau 444, rue de Gentilly Longueuil (Québec) J4H 3X7 Tél : (450) 651-6800 poste: 485 Fax : (450) 651-3321	**Table d'hôte de 6$ à 9$ À la carte de 7$ à 10$ Carte des vins de 10$ à 25$ Ouvert de sept à juin lun au ven de 11 h 30 à 22 h Visa - MasterCard- Paiement direct**

9. CIDRERIE VERGER LÉO BOUTIN REPAS CHAMPÊTRE

M. et Mmes Léo Boutin, Denise Leclerc-Boutin et Julie Lagüe, propriétaires
Mme Denise Leclerc-Boutin, chef

Chez ce producteur et transformateur des produits du verger, vous trouverez une halte-cidrerie. Que ce soit à l'intérieur ou sur la terrasse, vous pourrez déguster notre fine cuisine régionale dans un décor champêtre. Une visite à la chocolatière saura satisfaire vos papilles gustatives. Spécialités : fine cuisine et produits à base de pommes, repas champêtres et chocolaterie belge.

Sortie 37 de l'autoroute 10, route 227 jusqu'au rang de la Montagne. Repérer l'affiche touristique bleue.

Cidrerie Verger Léo Boutin
710, rang de la Montagne
Mont Saint-Grégoire
(Québec) J0J 1K0
Tél : (450) 346-3326
Fax : (450) 347-2974
Courriel : verger.boutin@videotron.ca

Table d'hôte de 8,95$ à 16,95$
À la carte de 2$ à 6$
Carte des vins de 9$ à 14$

Ouvert à l'année, tous les jours
de 9 h à 21 h

Visa - MasterCard - AmEx - Paiement direct

10. NATREL

Mme Lise Losier, chef de produits –Service alimentaire

Natrel
SERVICE ALIMENTAIRE

Natrel est la plus importante entreprise de production et de distribution laitières du Québec. Elle a été créée en 1990 et est une filiale à part entière d'Agropur. Avec sept usines et une soixantaine de centres de distribution, Natrel transforme au-delà de 400 000 000 de litres de lait par année. Spécialités : beurre, crème, fromage, jus et boissons, laits spécialisés, œufs et yogourt.

Ouvert du lun au ven de 8 h 30 à 17 h.

Natrel
101, boul Roland-Therrien, bur. 600
Longueuil (Québec) J4H 4B9
Tél : (450) 646-1010 Sans frais : 1-800-439-0709
Fax : (450) 646-4778

11. VIGNOBLE DIETRICH-JOOSS

M. et Mme Victor et Christiane Dietrich-Jooss, propriétaires

Le Vignoble Dietrich-Jooss, avec plus de 50 médailles internationales, est actuellement le vignoble québécois le plus médaillé pour ses vins. De notre terre à votre verre, authentiquement québécois, nos vins blancs, rosés et rouges savent ravir les plus fins connaisseurs et imprégnent leurs palais de leur élégance et de leur finesse. Proposés : au vignoble, à la SAQ et dans plusieurs restaurants.

Autoroute 10, sortie 22, autoroute 35 Sud. Au bout de l'autoroute 35, au feu de signalisation, tournez à gauche en direction de St-Alexandre jusqu'au 407 Grande Ligne.

Vignoble Dietrich-Jooss **407, Grande Ligne** **Iberville (Québec) J2X 4J2** **Tél/fax : (450) 347-6857**	**Ouvert à l'année, fermé le lundi** **Prière de réserver pour les visites guidées** **Visa - MasterCard - AmEx - Paiement direct**

12. CIDRERIE DU MINOT

M. Robert et Mme Joelle Demoy, propriétaires

La Cidrerie du Minot se distingue par ses propriétaires-récoltants, Joelle et Robert Demoy, des professionnels du cidre; et par ses cidres de qualité dont le Cremant de Pomme du Minot et Du Minot Doré.

De Montréal : pont Champlain, aut. 15, sortie 6, route 202 Ouest vers Hemmingford. Suivre les panneaux bleus «Cidrerie du Minot».

Cidrerie du Minot **376, Chemin Covey Hill** **Hemmingford (Québec) J0L 1H0** **Tél : (450) 247-3111** **Fax : (450) 247-2684**	**Ouvert du 15 mai au 24 déc,** **tous les jours de 10 h à 17 h** **fin déc à mi-mai : 5 jours/sem** **Prière de réserver** **Paiement direct**

13. Vignoble Morou

M. Étienne Héroux et Mme Monique Morin, propriétaires

M. Étienne Héroux, maître de chai

Vins secs blancs, rosés et rouges. Hors saison, il est préférable de téléphoner avant de se présenter (mi-octobre à mi-mai) pour s'assurer de notre présence et de la disponibilité des vins.

De Montréal : Aut. 15 Sud (direction New York) jusqu'à la sortie 21, direction Napierville et Lacolle (11 Km de la sortie de l'aut.).

Vignoble Morou **238, Route 221** **Napierville (Québec) J0J 1L0** **Tél : (450) 245-7569** **Fax : (450) 245-7550** **Courriel : morou@sympatico.ca**	**Vins de 11$ à 15$** **Ouvert toute l'année, du mer au dim de 10 h à 18 h** **Visa - MasterCard - Paiement direct**

14. Les Élevages Carfio

M. Fiore Zollo et Mme Carmen Ferland, propriétaires

Depuis 1981, notre entreprise agro-touristique se spécialise dans la production et l'élevage de perdrix, dindons sauvages, colins, faisans, cailles, pintades, canards et oies. Au fil des ans, nous avons acquis une réputation enviable grâce à une volaille fine de haute qualité. En été et en automne, venez voir les petits gibiers sains en volière.

Pont Mercier, route 138 Ouest. À Ville Mercier, franchissez 2 feux de circulation. Tournez à droite sur la prochaine rue (Marleau), et suivez-la jusqu'au bout (courbe vers la gauche). Marleau devient Salaberry. Faites encore 1 km.

Les Élevages Carfio **1113, rue Salaberry** **Mercier (Québec) J6R 2L1** **Tél : (450) 691-0368** **Fax : (450) 691-0392** **Courriel : www.carfio@contact.net**	**Ouvert toute l'année, de 9 h à 17 h 30** **Visa - MasterCard**

15. La brasserie Seigneuriale

La brasserie Seigneuriale a été fondée en 1995 à Boucherville par les Laflamme père et fils, deux artisans dédiés au brassage de bières de dégustation de la plus haute qualité. La brasserie produit les bières Seigneuriale, des bières de spécialité refermentées naturellement en bouteille. Seigneuriale Blonde et Seigneuriale sont disponibles en épicerie. Seigneuriale Triple et Seigneuriale Réserve le sont à la S.A.Q.

Autoroute 20, sortie 95 (Montarville). Prendre le chemin du Tremblay jusqu'à la brasserie.

La brasserie Seigneuriale **135-D, chemin du Tremblay** **Boucherville (Québec) J4B 7K4** **Tél : (450) 641-6433** **Fax : (450) 641-8288**	**Visites de groupe seulement** **jeu et ven 17 h à 21 h** **sam et dim 11 h à 17 h** **Prière de réserver**

16. Domaine des Petits Fruits / Chocolaterie Ody

M. Denis Gamache et Mme Odette Guérette, propriétaires
Mme Odette Guérette, chef

Atmosphère toute champêtre. Abri et chapiteau. Bar champêtre et terrasses. Étang et cascades entourés des plantations de bleuets et de cerises de terre. Plats et entremets cuisinés et aromatisés aux bleuets et aux cerises de terre à «L'Amour en cage». Salades aux huiles et au vinaigre aromatisés aux bleuets ou aux cerises de terre. Fête de famille ou corporative. Fête de famille ou d'entreprise sur réservation.

De Montréal : 10 Est (direction Sherbrooke), sortie 22. Route 35 Sud, sortie 3. Tournez à gauche sur la 104 Est. Roulez 3 km, tournez à droite direction St-Jabine. Environ 200 mètres sur le 4e rang Sud. Tournez à droite.

Domaine des petits fruits/ **Chocolaterie Ody** **101, 4e rang Sud** **Saint-Athanase (Québec) J2X 4J2** **Tél/Fax : (450) 358-1853**	**Table d'hôte de 7,95$ à 14,95$** **À la carte de 5,95$ à 11,95$** **Carte des vins de 12$ à 15$** **Ouvert de juin à oct,** **tous les jours, de 9 h à 18 h** **Visa - Paiement direct**

17. Cidrerie Michel Jodoin

M. Michel Jodoin, propriétaire

Dans une ambiance champêtre, venez rencontrer le maître cidrier qui vous fera visiter ses chais, son cellier et vous expliquera les techniques d'utilisation de la méthode champenoise et le mystérieux processus qui transforme la pomme en cidre.

Aut 20, prenez la sortie 115, suivez les indications sur panneaux touristiques «Vergers de Rougemont». Aut 10, sortie 29, à droite route 113 jusqu'à Richelieu et route 112 jusqu'à Rougemont, 2e sortie, suivre panneaux touristiques.

Cidrerie Michel Jodoin inc. **1130, Petite Caroline** **Rougemont (Québec) J0L 1M0** **Tél : (450) 469-2676** **Fax : (450) 469-1286** **Courriel: Michel.jodoin@sympatico.ca**	**Ouvert toute l'année,** **lun au ven, 9 h à 17 h** **mai à oct, sam et dim, 9 h à 18 h** **nov à avril, sam et dim, 10 h à 16 h** **Visa - MasterCard - Paiement direct**

18. Aliments Terra (division de Les Produits Highline ltee)

Mme Agathe Duval, directrice générale

Highline CHAMPIGNONS

Les aliments Terra, division de Highline Ltée, est une champignonnière située sur la Rive Sud de Montréal. Terra existe depuis 1980 et cultive environ 5 000 000 de livres de champignons blancs. Depuis peu, une nouvelle champignonnière s'est ajoutée St-Philippe et cultive le champignon café. Spécialités : champignons blancs, champignons cafés et champignons portabellas.

Pont Champlain, autoroute 10, sortie 22 direction Chambly.

Aliments Terra **(division de Les Produits Highline Ltée)** **2300, Grande Ligne** **Carignan (Québec) J3L 4A3** **Tél : (450) 658-4308** **Fax : (450) 658-4961**	**Ouvert toute l'année,** **lun au ven de 8 h à 16 h**

Coq au Porc au Cidre de Pomme

Temps de cuisson : 45 à 50 minutes - Portions: 4

15 ml (1 c. à table) .... huile d'arachide ou de canola
4 .... petits coqs au porc (210 g ou 7 oz chacun)
.... sel et poivre au goût
15 ml (1 c. à table) (de chacun) .... beurre et huile d'olive
1 .... oignon émincé très finement
1 .... gousse d'ail hachée finement
8 .... prunes dénoyautées en quartiers, ou pruneaux dénoyautés,
ou 2 .... pommes évidées, en quartier
250 ml (1 tasse) .... cidre chaud
80 ml (⅓ tasse) .... calvados ou brandy
1 .... bouquet garni

Préchauffer le four à 180 °C (350 °F). Dans une poêle, faire chauffer l'huile et faire revenir les rôtis pour bien les colorer. Assaisonner et mettre dans un plat allant au four; réserver ....

Dans la même poêle, faire le mélange de beurre et d'huile. Faire dorer l'oignon et l'ail 2 à 3 minutes, à feu doux. Ajouter les fruits de votre choix et cuire 1 minute. Déglacer avec le cidre et l'alcool; porter à ébullition. Couvrir les coqs de ce mélange en ajoutant le bouquet garni. Cuire au four de 35 à 40 minutes ....

Pour le service, enlever les cordes et couper les coqs au porc en tranches. Rectifier l'assaisonnement et napper de sauce ....

Suggestion : pour obtenir une sauce plus crémeuse, réduire la sauce de moitié et ajouter un peu de crème; laisser réduire à nouveau 1 minute ....

Éventail d'autruche au vin rouge

Pour 4 personnes

1 ¾ lb (800 g) .... de steaks d'autruche
2 c. à thé (20 g) .... de beurre
1 c. à thé (5 ml) .... d'huile d'olive

Marinade au vin

1 verre (200 ml) .... de fond de volaille
1 c. à thé .... d'oignon rouge haché
1 c. à thé .... de carotte en dés
1 verre (200 ml) .... de vin rouge
1 .... gousse d'ail hachée
1 .... brin de persil

Mélanger dans un plat tous les ingrédients de la marinade et y faire macérer les steaks d'autruche pendant 4 heures ....
Égoutter les légumes de la marinade et les faire revenir dans l'huile. Mouiller avec la préparation au vin et laisser réduire aux trois quarts ....
Dans une poêle chaude, saisir les steaks d'autruche rapidement des deux côtés; ne pas trop cuire la viande puisque celle-ci est très maigre ....
Couper la viande en éventail et la déposer sur une assiette ....
Réchauffer la sauce, rectifier l'assaisonnement et ajouter la noix de beurre .....
Napper les steaks d'autruche et servir ....

MONTRÉAL

«(...) le Montréalais avait un goût développé et montrait même quelque raffinement dans ses habitudes alimentaires, puisque les écrits font allusion au sel, au poivre, à l'huile d'olive, au sucre et à la cassonade, au girofle, à la muscade et à d'autres aromates.»[1]

Montréal est une île, entre le fleuve Saint-Laurent, la rivière des Prairies, le lac Saint-Louis et le lac des Deux Montagnes, une île dominée par le mont Royal au confluent des rivières et des cultures.

Au temps de la Nouvelle-France, des terres riches et fertiles couvraient l'île de Montréal, et l'on y récoltait plusieurs variétés de légumes et de fruits, les vergers y étant nombreux. Des espèces indigènes s'ajoutaient au menu : le melon, la courge, la citrouille. Ces derniers légumes étaient cuits sous la cendre, une technique culinaire apprise des Amérindiens. On accompagnait viandes et poissons de navets, de carottes, d'oignons. La pomme de terre ne fut introduite que lorsque l'Europe l'adopta.

Les Montréalais avaient déjà accès à une grande diversité d'aliments. Comme à Québec, la grande bourgeoisie pouvait boire du chocolat, du café et des vins importés. On fabriquait une limonade avec l'épinette.

Si Montréal est devenue une capitale gastronomique, c'est sans doute qu'elle a hérité de ces anciens Montréalais un goût inné pour la bonne chère. C'est aussi que tous les approvisionnements sont permis, venant des régions du Québec ou de l'importation à longueur d'année.

Par ailleurs, avec l'arrivée d'immigrants issus de nombreux pays, les traditions culinaires se sont enrichies de nouvelles saveurs. La diversité des plats que l'on peut goûter dans les nombreux restaurants de la métropole est remarquable. C'est une découverte de tous les instants.

[1] Institut de tourisme et d'hôtellerie du Québec, *Cuisine traditionnelle des régions du Québec,* Les Éditions de l'homme, Les Publications du Québec.

MONTRÉAL

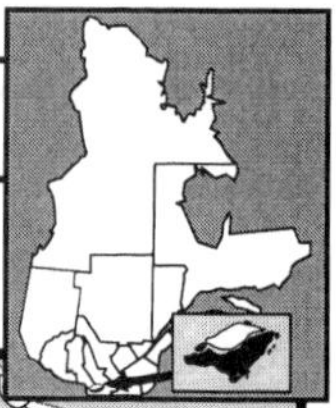

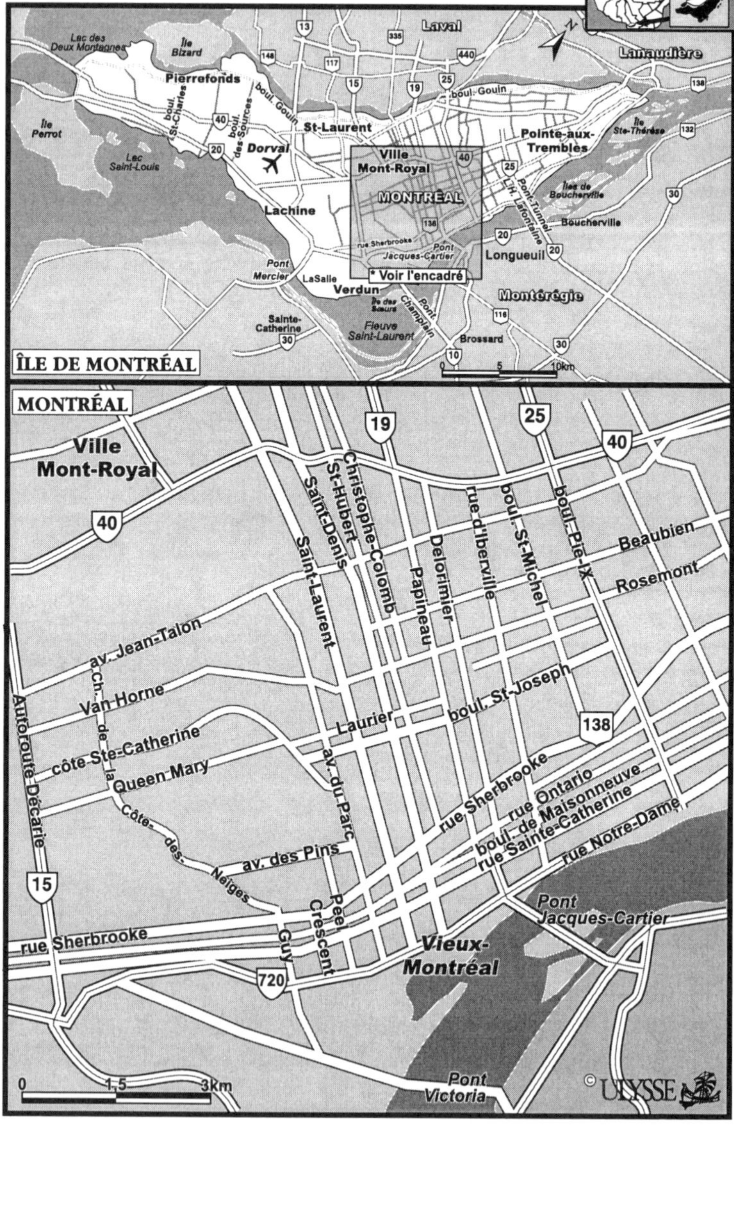
ÎLE DE MONTRÉAL
Laval
Lanaudière
Lac des Deux Montagnes
Île Bizard
Pierrefonds
boul. St-Charles
boul. des Sources
boul. Gouin
Île Perrot
Lac Saint-Louis
Dorval
St-Laurent
Ville Mont-Royal
MONTRÉAL
Pointe-aux-Trembles
Île Ste-Thérèse
Îles de Boucherville
Boucherville
Pont-Tunnel L.H. Lafontaine
Lachine
rue Sherbrooke
Pont Jacques-Cartier
Longueuil
* Voir l'encadré
Pont Mercier
LaSalle
Verdun
Île des Sœurs
Pont Champlain
Montérégie
Sainte-Catherine
Fleuve Saint-Laurent
Brossard
0 5 10km
MONTRÉAL
Ville Mont-Royal
Christophe-Colomb
St-Hubert
Saint-Denis
Saint-Laurent
Papineau
Delorimier
rue d'Iberville
boul. St-Michel
boul. Pie-IX
Beaubien
Rosemont
av. Jean-Talon
Ch. de la Côte-des-Neiges
Van Horne
Laurier
boul. St-Joseph
côte Ste-Catherine
Queen Mary
av. du Parc
Autoroute Décarie
rue Sherbrooke
rue Ontario
boul. de Maisonneuve
rue Sainte-Catherine
rue Notre-Dame
av. des Pins
Peel
Crescent
Guy
Pont Jacques-Cartier
Vieux-Montréal
Pont Victoria
0 1,5 3km
© ULYSSE

1. Agnus Dei Traiteur

M. Pierre Carrier, propriétaire
M. Thierry Gallet et Raphaël Albert, chefs

Agnus Dei Traiteur propose un menu original selon vos besoins, vos goûts et votre budget. Pour un cocktail, une réception, un gala ou un méchoui, il saura combler vos attentes. Agnus Dei Traiteur offre un concept «clé en main» dans lequel il s'occupe non seulement de l'aspect gastronomique mais aussi de la recherche d'idées originales, de la salle, du personnel, du spectacle, de la papeterie, etc.

Agnus Dei Traiteur **530, rue Bonsecours** **Vieux-Montréal (Québec) H2Y 3C5** **Tél : (514) 866-2323** **Fax : (514) 866-2313**	**Ouvert du lun au ven,** **de 9 h à 17 h** **Visa**

2. Croisières AML

Croisières AML est la plus importante société de croisières-excursions au Canada. Afin de mieux développer son volet restauration, Croisières AML a choisi d'employer, à bord, ses propres chefs et équipes de cuisine; nous sommes ainsi en mesure d'offrir des repas de qualité, à fortes caractéristiques du terroir, pour faire ainsi apprécier à nos passagers toute la saveur de la gastronomie québécoise.

Les bases d'opération de Croisières AML sont situées à Montréal, Québec, Rivière-du-Loup, Baie-Sainte-Catherine dans Charlevoix et Tadoussac.

Croisières AML **Quai de l'horloge, C.P. 1085** **Succursale Place-d'Armes** **Montréal (Québec) H2Y 3J6** **Tél : (514) 842-9300** **Sans frais : 1-800-667-3131** **Fax : (514) 842-1201** **Courriel : info@croisieresaml.com**	**Table d'hôte de 56,75$ à 64$** **Carte des vins de 22,50$ à 45$** **Ouvert tous les jours de mai à oct** **de 19 h à 23 h (dîner-croisière)** **Visa - MasterCard - AmEx - Paiement direct**

3. Hôtel de L'Institut

Institut de tourisme et d'hôtellerie du Québec, propriétaire
M. Philippe Métayer, chef

Hôtel d'application pour les élèves de l'Institut de tourisme et d'hôtellerie du Québec. Les élèves sont supervisés par des moniteurs et leurs professeurs.

Rue Saint-Denis, entre Sherbrooke et Cherrier, métro Sherbrooke.

Hôtel de l'institut **3535, rue Saint-Denis** **Montréal (Québec) H2X 3P1** **Tél : (514) 282-5121** **Fax : (514) 873-9893** **Courriel : hotel@ithq.qc.ca**	**Table d'hôte de 12,95$ à 39,95$** **À la carte de 9,95$ à 24$** **Carte des vins de 22$ à 56$** **Ouvert toute l'année** **Visa - MasterCard - AmEx - Paiement direct**

4. Restaurant Le Pen Castel

Mme Francine Girouard, propriétaire
M. Gilles Deschenes, chef

Le chef du Pen Castel saura vous étonner. Proclamé chef-santé de l'année en 1998, le Chef Gilles Deschenes aime partager ses recettes avec sa clientèle. Membre du Réseau Mieux Vivre, le chef de la petite boîte se consacre à offrir des plats santé tout en favorisant la promotion des produits du Québec. Au menu, le gibier, le homard et les abats.

Situé près du pont Lachapelle à Laval. Du centre-ville, prenez l'autoroute Décarie jusqu'à Marcel Laurin, puis jusqu'à Gouin. Nous sommes situés entre Lachapelle et Grenet au sud du boul. Gouin.

Restaurant Le Pen Castel **12244, rue Ranger** **Montréal (Québec) H4J 2L2** **Tél : (514) 331-4945**	**Table d'hôte du midi 11,95$ à 21,95$** **Table d'hôte du soir 20,95$ à 46,95$** **Carte des vins de 23$ à 65$** **Ouvert toute l'année** **lun au ven : 11 h 30 à 14 h 30** **mar à sam : 17 h à 22 h 30** **Visa - MasterCard - AmEx**

5. Les Continents (Hôtel Inter-Continental Montréal)

Bass Hotels and Resorts, propriétaire
M. Christian Lévêque, chef

Grâce à une nourriture exceptionnelle, aux vins les plus fins ainsi qu'à un service irréprochable et discret, notre restaurant gastronomique, récipiendaire des 4 Diamants CAA, offre une expérience culinaire inoubliable. Un menu unique et innovateur présente les meilleurs produits du terroir.

Métro Square Victoria. Suivre les indications pour CCM angle St-Antoine et St-Pierre.

Les Continents (Hôtel Inter-Continental Montréal) 360, rue Saint-Antoine Ouest Montréal (Québec) H2Y 3X4 Tél : (514) 847-8729 Fax : (514) 987-9904 Courriel : montreal@interconti.com	**Table d'hôte de 26,50$ à 34,50$ À la carte de 15$ à 27$ Carte des vins de 26$ à 175$ Petit déjeuner, tlj de 6 h 30 à 10 h 30 déjeuner, tlj (sauf samedi) de 12 h à 14 h 30 dîner tlj 17 h 30 à 22 h 30 Brunch de 11 h 30 à 14 h 30 Visa - MasterCard - AmEx - Paiement direct**

6. Nuances

Casino de Montréal, propriétaire
M. Jean-Pierre Curtat, chef

La cuisine gastronomique créative de Nuances met en valeur la fraîcheur et la qualité des produits pour composer des plats aussi originaux que savoureux. Une carte des vins exceptionnelle, qui comporte des grands crus d'importation privée, agrémente encore davantage cette table fréquentée par les gourmets.

MONTRÉAL

Par l'aut. Bonaventure, prendre la sortie Pierre Dupuy et suivre les indications.

Nuances 1, avenue du Casino Montréal (Québec) H3C 4W7 Tél : (514) 392-2708 Fax : (514) 864-4951	**Table d'hôte de 36$ à 40$ À la carte de 27$ à 40$ Carte des vins à partir de 20$ Ouvert toute l'année dim au jeu 17 h 30 à 23 h ven et sam 17 h 30 à 23 h 30 Visa - MasterCard - AmEx**

7. Restaurant Toqué

Mme Christine Lamarche et M. Normand Laprise, propriétaires
M. Normand Laprise, chef

Cuisine du marché dans laquelle le chef Normand Laprise utilise les meilleurs produits d'ici : légumes biologiques de M. Daigneault, foie gras de Rougemont, cerf de Boileau, pétoncles du Havre Saint-Pierre. M. Laprise promouvoit les produits et la cuisine d'ici en étant aussi chef exécutif à New York au restaurant Cena.

Du nord : descendez vers le sud la rue Saint-Denis jusqu'à la rue Roy (une rue au nord de Des Pins). Du sud : aut. 20, sortie Berri, montez Berri (direction nord), tournez à gauche sur la rue Roy. Nous sommes à l'angle des rues Roy et Saint-Denis.

Restaurant Toqué 3842, rue Saint-Denis Montréal (Québec) H2W 2M2 Tél : (514) 499-2084 Fax : (514) 499-0292	**entrées : 7$ à 14$ plats : 18$ à 28$ desserts : 6$ à 9$ vins de 22 $ à 250 $ menu dégustation : 67$ Ouvert tous les jours de 18 h à 23 h Visa - MasterCard - AmEx - Paiement direct**

8. Restaurant Beaver Club

Hôtel Reine Elizabeth, Corporation hôtelière Canadien Pacifique
M. Alain Pignard, chef

Le seul restaurant d'hôtel au Canada à obtenir cinq étoiles du Mobil Travel Guide, le Beaver Club est un must pour le connaisseur. Les midis, table d'hôte savoureuse et rapide pour les plus réputés repas d'affaires en ville. Le soir, laissez-vous tenter par son menu Plaisir ou les spécialités de sa carte saisonnière mettant en vedette les richesses culinaires du Québec. Dîner dansant aux chandelles le samedi.

Au niveau lobby de l'hôtel Reine Elizabeth, situé au 900 boul. René-Lévesque Ouest. Au-dessus de la Gare Centrale C.N.

Restaurant Beaver Club 900, boul. René-Lévesque Ouest Montréal (Québec) H3B 4A5 Tél : (514) 861-3511 Fax : (514) 954-2873	**Table d'hôte de 16,75$ à 20,75$ À la carte de 26$ à 32$ Carte des vins de 19$ à 1500$ Ouvert toute l'année, lun au ven 12 h à 15 h mar au sam 18 h à 23 h Visa - MasterCard - AmEx - Paiement direct**

9. Centre de Formation en Restauration

Mme Denyse Larrivée, directrice
M. Pierre-André Cantin et François Pellerin, chefs

Le Centre de formation en restauration (CFR), organisme à but non lucratif, forme des femmes de 16 à 35 ans ayant des difficultés d'intégration au marché du travail. Le CFR offre une formation en cuisine et pâtisserie ou en service de table et de bar. Le cours d'une durée de 6 mois s'achève par un stage. De plus, le CFR a une salle à manger «La Découverte» ouverte au public sur réservation.

Situé à l'angle Lajeunesse et Fleury, dans le quartier Ahuntsic (centre-nord de Montréal). Au Nord de l'Aut. métropolitaine (40), parallèle à St-Denis, à l'est de celle-ci et à l'ouest de St-Hubert.

Centre de formation en restauration 10226, rue Lajeunesse Montréal (Québec) H3L 2E2 Tél : (514) 383-4033 Fax : (514) 383-1450	**Table d'hôte de 7,95$ à 15,95$ Carte des vins à partir de 15$ Ouvert du lun au ven de 8 h 30 à 17 h Fermé pour la période des fêtes**

10. Collège LaSalle

M. Bernard Zingre, chef

COLLÈGE
LASALLE

Service dans une ambiance souriante, chaleureuse, comfortable, jeune et dynamique. Le Spécialités : pétoncles aux croustilles de poireaux, saumon au gingembre et orange, filet de cerf aux champignons des bois. Le Collège Lasalle, c'est l'hôtellerie et la restauration de l'avenir.

Rue Sainte-Catherine Ouest angle du Fort. Métro Atwater ou Guy Concordia.

Collège LaSalle 2000, rue Sainte-Catherine Ouest Montréal (Québec) H3H 2T2 Tél : (514) 939-2006 Fax : (514) 939-7292 Courriel : nouellette@clasalle.com	**Table d'hôte de 8$ à 12$ À la carte de 9$ à 15$ Carte des vins de 5$ à 30$ Ouvert du 15 jan au 30 juin et du 2 août au 19 déc lun au ven de 12 h à 14 h Également ouvert lors d'événements spéciaux Visa - MasterCard - Paiement direct**

11. Salle Max-Rupp, École Calixa-Lavallée-Ménuhin

Commission scolaire de la Pointe de l'Île
M. François F. Robitaille, chef

Calixa-Lavallée
Alimentation et Tourisme

La salle Max-Rupp est le restaurant d'application pour les élèves en formation en alimentation et tourisme du centre professionnel Calixa-Lavallée de Montréal-Nord. Ce restaurant est ouvert durant l'année scolaire seulement. Nous y accueillons 60 clients les jours d'ouverture. Réservations obligatoires.

Autoroute Métropolitaine, Pie IX Nord, entrée par la rue Amos Est.

Salle Max-Rupp (École Calixa-Lavallée-Ménuhin) 4444, Henri-Bourassa Est Montréal-Nord (Québec) H1H 3J3 Tél : (514) 328-3250 poste 707 Fax : (514) 328-3263	**Table d'hôte (midi) 8,75$ À la carte (soir) de 8$ à 10,95$ Carte des vins de 18$ à 25$ Ouvert durant l'année scolaire mer, jeu et ven Paiement direct**

12. St-Pius X Culinary Institute

English Montréal School Board
M. Sylvain Arès, chef

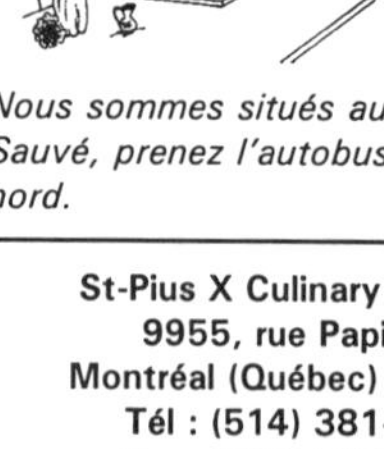

Le St-Pius X Culinary Institute est une école de cuisine publique anglophone. Spécialités : cuisine du monde, produits et traditions des douze régions agricoles du Québec.

Nous sommes situés au nord de la rue Jarry, entre les rues Sauvé et Sauriol. Du métro Sauvé, prenez l'autobus 121 vers l'est. Du métro Papineau, prenez l'autobus 45 vers le nord.

St-Pius X Culinary Institute 9955, rue Papineau Montréal (Québec) H2B 1Z9 Tél : (514) 381-1022 Fax : (514) 381-1135	**Table d'hôte (midi) 7$ À la carte (soir) 12$ Ouvert d'août à juin mar au ven 11 h 30 à 13 h mer de 17 h 30 à 20 h**

13. Les Aliments Haut Panache

M. Giorgio et Mme Jennifer Marcianesi, propriétaires

Distributeurs de venaison et petit gibier à la restauration. Gamme de saucisses et de saucissons séchés à base de gibier.

Les Aliments Haut Panache Inc. 3621, rue Ste-Famille Montréal (Québec) H2X 2L5 Tél : (514) 288-8382 Fax : (514) 282-4113	Du lun au ven, 7 h à 17 h Paiement direct

14. La Maison des Futailles

La Maison des Futailles est riche d'une tradition d'excellence de plus de trois quarts de siècle. De par le monde, elle jouit d'une forte réputation. En plus d'être l'un des plus importants fabricants et embouteilleurs de vins et de spiritueux au Québec et au Canada, elle assure également la recherche, le développement et la mise en marché de produits exclusifs issus du terroir québécois.

La Maison des Futailles 1600, rue Pathenais Montréal (Québec) H2K 3S2 Tél : (514) 596-1720 Fax : (514) 596-1719 Courriel : futailles@saq.qc.ca	lun au jeu de 8 h 30 à 17 h ven de 8 h 30 à 12 h 30

15. La Maison du Chevreuil

M. Douglas Harpur, propriétaire

À la Maison du Chevreuil, nous vous offrons des produits de qualité de cerf rouge provenant de nos fermes. Nous contrôlons la qualité depuis la naissance jusqu'à la transformation. Nous pouvons transformer à votre goût, dans notre salle de découpe, tout produit de cerf rouge. Nous abattons toutes les semaines.

La Maison du Chevreuil
425, rue Saint-Paul Est
Montréal (Québec) H2Y 1H5
Tél : (514) 282-1422
Fax : (514) 282-0040

16. Les Aliments Chef Refael

M. Refael Taman, propriétaire
M. Normand Corriveau, gérant des ventes et développement des marchés

Avis aux producteurs, transformateurs, chefs cuisiniers. Pouvons fabriquer en sous-traitance certains produits ou mets surgelés ayant potentiel commercial. Usine de 12 000 p.c.; dotée d'équipement I.Q.F., sous inspection fédérale et en voie HACCP.

Les Aliments Chef Refael inc.
8593, rue Delmeade
Ville Mont-Royal (Québec) H4T 1M1
Tél : (514) 344-8883
Sans frais : 1-877-344-8883
Fax : (514) 344-4911

Ouvert toute l'année, lun au ven
8 h 30 à 17 h

17. Parmalat Canada

parmalat
CANADA

Entreprise bien établie au Québec oeuvrant dans tous les volets du domaine laitier. Principales marques de commerce : Lactantia, Beatrice, Sealtest, Astro. 2 divisions québécoises. Fromage, tartinade et produits réfrigérés.

Parmalat Canada
7470, rue Saint-Jacques Ouest
Montréal (Québec) H4B 1W4
Tél : (514) 484-8401
Fax : (514) 484-8925

18. Les Cuisines Globales

M. Charles Bienvenu et M. Marc Légaré, propriétaires
M. Marc Légaré, chef

Cuisine Globale

Les Cuisines Globales oeuvre dans le domaine de la recherche et le développement de nouveaux produits cuisinés. Transformation des produits alimentaires / cuisson sous-vide. Préparation de mets cuisinés haut de gamme. Cuisine de production de mets en sous-traitance / plan provincial.

À proximité du pont Jacques-Cartier.

Les Cuisines Globales inc. **2391, rue Sainte-Catherine Est** **Montréal (Québec) H2K 2J5** **Tél : (514) 597-0984** **Fax : (514) 597-2277**	**Ouvert toute l'année** **lun au ven de 8 h à 17 h**

Le fjord du Saguenay, cette vallée glaciaire envahie par la mer, a pris forme il y a 70 millions d'années dans la région du Saguenay–Lac-Saint-Jean.
– Sylvain Majeau Tourisme Québec

Clafoutis aux bleuets du Lac
p. 181 - MAPAQ

Ce pont couvert de l'Outaouais n'est qu'un des nombreux représentants de l'espèce au Québec.
– Benoît Chalifour Tourisme Québec

Salade d'endives aux pommes, noisettes et chèvre chaud
p. 152 *- Scriptum Communication*

Cet inuit s'affaire à l'assemblage de son futur domicile, l'igloo s'imposant comme le refuge par excellence dans le Grand Nord québécois.
– Heiko Wittenborn Tourisme Québec

Carré de caribou, sauce au miel et gingembre
p. 198 *- Scriptum Communication*

De nombreux lacs émaillent la région de Lanaudière, et il n'est pas rare de les voir accueillir des campeurs en quête de grands espaces. – *Sylvain Majeau Tourisme Québec*

Paupiettes de volaille aux herbes fraîches

p. 87 - Fédération des producteurs de volailles du Québec

MINI-BAGELS DE LA FERME DU HAUT-PANACHE AU DAMABLANC ET BRUNOISE DE LÉGUMES PRINTANIERS

6 . . . . mini-bagels
12 . . . . tranches de bison fumé
12 c. . . . . à thé fromage Damablanc
2 c. . . . . à soupe d'huile d'olive
1 c. . . . . à thé basilic haché très fin
1 c. . . . . à thé persil haché très fin
1 c. . . . . à thé brunoise de poivron rouge
1 c. . . . . à thé brunoise de poivron vert
. . . . sel, poivre au noix de muscade au goût
1 c. . . . . à soupe ciboule hachée très fin
1 . . . . gousse d'ail hachée très fin
1 c. . . . . à thé de sel de mer

Mélanger la brunoise de poivron rouge avec les cinq ingrédients qui suivent et laisser en attente 30 minutes . . . .
Déposer le mélange obtenu dans une passoire, rincer rapidement sur l'eau froide, laisser égoutter et déposer le tout dans un bol. Ajouter l'huile d'olive, le basilic, et le persil. Bien mélanger . . . .
Couper les 6 mini-bagels en deux sur la longueur . . . .
Déposer une cuillère à thé de Damablanc sur chaque mini-bagel. Former une fleur avec les tranches de bison fumé en les enroulant sur elles-mêmes. Déposer une ½ cuillère à thé au mélange obtenu et servir en apéritif . . . .

QUICHE AU SMOKED MEAT ET AU COGRUET DE WARWICK

300 g (10 oz) . . . . pâte brisée
1 . . . . blanc d'œuf
200 g (6 oz) . . . . smoked meat haché (maigre) grossièrement
100 g (3 oz) . . . . d'oignons taillés en dés sautés au beurre
175 g (4 ½ oz) . . . . de Cogruet râpé à la grosse râpe
500 ml (2 tasses) . . . . de crème 15% à l'ancienne
6 . . . . jaunes d'œufs
. . . . sel, poivre au noix de muscade au goût

Étendre la pâte brisée sur une épaisseur de 3 mm. Piquer la pâte avec les dents d'une fourchette. Déposer l'abaisse dans le moule à tarte. Battre le blanc d'œuf et badigeonner la pâte brisée avec un pinceau. Cuire le fond de tarte 5 minutes. . . .
Déposer le smoked meat, l'oignon et le Cogruet dans le fond de la tarte. Mélanger œufs, crème, muscade, sel et poivre. . . . .
Verser le mélange sur le fromage, les oignons et le smoked meat. Cuire à 200 C (400 F) environ 25 à 30 minutes et servir avec une salade de verdurette des serres de Mirabel. . . . .

OUTAOUAIS

«Comme toutes les autres régions du Québec, l'Outaouais participe à la tradition culinaire québécoise. Relativement jeune, elle ne peut prétendre à l'invention d'une cuisine totalement distinctive. Elle apporte tout de même sa contribution au patrimoine culinaire québécois, compte tenu du caractère particulier de son évolution et des influences qui l'ont façonnée.»[1]

Tout à l'ouest du Québec, bordé par l'Ontario au sud, par l'Abitibi-Témiscamingue au nord, voisinant les Laurentides à l'est, l'Outaouais offre le contraste entre une vie urbaine intense et la majesté d'une grande nature. L'évolution de la cuisine, d'hier à aujourd'hui, est modelée par ces deux pôles d'attraction.

Les habitudes alimentaires de l'Outaouais ont probablement été influencées par les habitudes des différents peuples qui s'y sont successivement établis : Américains, Écossais, Irlandais, Allemands et Canadiens français.

Mais il ne faut pas oublier que ce vaste territoire forestier a été, avant d'être exploité, le paradis des coureurs de bois et des marchands de fourrures. Ce passé a laissé des traces dans les traditions alimentaires.

La cuisine de chantier a laissé des souvenirs heureux : fèves aux lard, omelettes, crêpes, lard salé, etc. L'Outaouais est demeurée un territoire de chasse et de pêche. Les plats de gibier et de poisson sont particulièrement appréciés. Le chevreuil, l'orignal, la perdrix, le brochet, le doré sont des mets de choix pour les chasseurs et les pêcheurs. Les restaurants et les auberges doivent cependant s'approvisionner en gibier d'élevage, mais les cuisiniers rivalisent d'ingéniosité pour les préparer.

[1] Institut de tourisme et d'hôtellerie du Québec, *La cuisine traditionnelle des régions du Québec*, Les Éditions de l'homme, Les Publications du Québec.

OUTAOUAIS

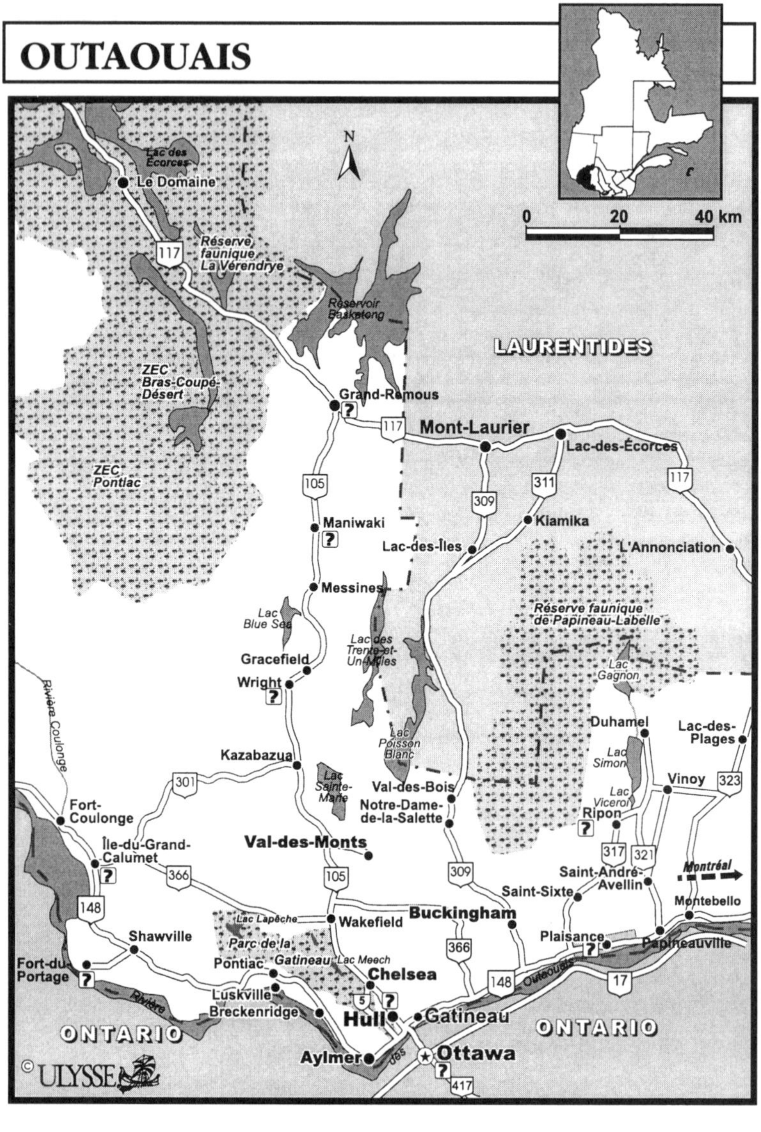

Lac des Écorces
Le Domaine
Réserve faunique La Vérendrye
Réservoir Baskatong
LAURENTIDES
ZEC Bras-Coupé-Désert
ZEC Pontiac
Grand-Remous
Mont-Laurier
Lac-des-Écorces
Maniwaki
Kiamika
Lac-des-Îles
L'Annonciation
Messines
Lac Blue Sea
Lac des Trente-et-Un-Milles
Réserve faunique de Papineau-Labelle
Lac Gagnon
Gracefield
Wright
Rivière Coulonge
Lac Poisson Blanc
Duhamel
Lac-des-Plages
Lac Simon
Kazabazua
Lac Sainte-Marie
Val-des-Bois
Notre-Dame-de-la-Salette
Lac Viceroi
Vinoy
Ripon
Fort-Coulonge
Île-du-Grand-Calumet
Val-des-Monts
Montréal
Saint-André-Avellin
Saint-Sixte
Montebello
Lac Lapêche
Wakefield
Buckingham
Shawville
Parc de la Gatineau
Plaisance
Papineauville
Fort-du-Portage
Pontiac
Lac Meech
Chelsea
Outaouais
Luskville
Breckenridge
Rivière
Hull
Gatineau
ONTARIO
ONTARIO
Aylmer
Ottawa
117
105
309
311
301
366
148
5
17
317
321
323
417
0
20
40 km
N
© ULYSSE

1. Café Restaurant L'Agaric

M. Michel Veillard et Mme Jeanne Dessureault, propriétaires
M. Michel Veillard, chef

Situé à l'entrée du parc de la Gatineau, Le Café Restaurant L'Agaric propose des plats inspirés des produits régionaux dans un décor rustique. En été, profitez de la terrasse et du jardin.

À 10 min. du centre-ville de Hull et d'Ottawa. Prenez l'autoroute 5 en direction de Maniwaki, empruntez la sortie 12 puis faites 1 km vers la gauche.

Café Restaurant L'Agaric **254, chemin Old Chelsea** **Chelsea (Québec) J0X 1N0** **Tél : (819) 827-3030** **Fax : (819) 827-2962**	**Table d'hôte (midi) 10,75$ à 14$** **Table d'hôte (soir) 15$ à 24$** **À la carte de 6$ à 12$** **Carte des vins de 19,75$ à 35$** **Ouvert toute l'année** **9 h à 21 h, mar au dim,** **(ouvert le lun durant la haute saison)** **fermé en nov** **Visa - MasterCard - AmEx - Paiement direct**

2. Le Château Cartier

M. Henri Sourial, propriétaire

Situé tout près du parc de la Gatineau et à quelques minutes du Parlement, le Château Cartier vous propose une ambiance tout aussi propice au romantisme qu'aux réunions d'affaires. Son menu gastronomique raffiné vous enchantera. Spécialités : crêpes de saumon fumé aux herbes, gratinées au fromage d'Oka, croquants de fromage de chèvre de Papineauville, crème aux herbes, etc.

Le Château Cartier **1170, chemin Aylmer** **Aylmer (Québec) J9H 5E1** **Tél : (819) 777-1088** **Sans frais : 1-800-807-1088** **Fax : (819) 777-7161**	**Table d'hôte de 24,95$ à 28,95$** **À la carte de 30$ à 36$** **Carte des vins de 23$ à 35$** **Ouvert toute l'année** **tous les jours** **de 6 h à 22 h** **Visa - MasterCard - AmEx**

3. L'ORÉE DU BOIS

M. Guy et Mme Manon Blain, propriétaires
M. Guy Blain et Jean-Claude Chartrand, chefs

Ambiance champêtre et romantique. Jardin l'été, jardin hydroponique l'hiver. Fumoir. Chocolats maisons, vaste carte des vins, bon rapport qualité/prix. Rillettes de sanglier aux bleuets, confit de canard aux champignons sauvages, pot au feu de la mer, choucroute de saumon et pétoncles fumées. Nougat glacé au pralin d'érable.

Autoroute 5 Nord, sortie 12. Tournez à gauche, traversez le village, puis tournez à gauche sur Kingsmere. 200 mètres à gauche.

L'Orée du Bois **15, chemin Kingsmere** **Chelsea (Québec) J0X 1N0** **Tél : (819) 827-0332** **Fax : (819) 827-1255**	**Table d'hôte de 24,50$ à 29,50$** **À la carte de 13,50$ à 19,50$** **Carte des vins de 19,75$ à 120,00$** **Ouvert à l'année** **mi-mai à la fin oct : fermé lun** **nov à la mi-mai : fermé dim et lun** **Visa - MasterCard - AmEx - Paiement direct**

4. RESTAURANT LE TARTUFFE

M. et Mme Gérard et Mylène Fischer, propriétaires
M. Gérard Fischer, chef

Le Tartuffe vous fait vivre des moments joyeux et détendus dans une atmosphère franche et chaleureuse. La fine cuisine que vous y dégusterez est composée de produits régionaux et locaux, tels le veau charlevoix, l'agneau, le canard et le fromage. Le Tartuffe, c'est une expérience culinaire digne des rois.

Situé à deux pas du Musée des Civilisations, à quelques minutes du Parlement, du musée des Beaux-Arts et du casino de Hull.

Restaurant Le Tartuffe **133, rue Notre-Dame** **Hull (Québec) J8X 3T2** **Tél : (819) 776-6424** **Fax : (819) 776-5983** **Courriel : tartuffe@netcom.ca**	**Table d'hôte (midi) 12$ à 18$** **Table d'hôte (soir) 22.50$ à 30$** **Carte des vins de 19$ à 88$** **Ouvert toute l'année, lun au sam** **de 11 h 30 à 14 h et de 17h30 à 21 h30** **(fermé le lun de jan à avril)** **Visa - MasterCard - AmEx - Paiement direct**

5. Restaurant Le Sans-Pareil

L. Gielen, G.Renaud, W. Abbott, propriétaires
M. Luc Gielen, chef

Situé à deux pas du casino de Hull, le Restaurant le Sans-Pareil vous servira dans un cadre enchanteur une de ses spécialités belges ou françaises. Sa fine cuisine et son service professionnel ont mérité 4 étoiles dans le Guide Debeur.

À 5 minutes du centre-ville d'Ottawa. Autoroute 5 Nord, 3e sortie, angle boul. du Casino et du boul. St-Raymond.

Restaurant Le Sans-Pareil **71, boul. Saint-Raymond** **Hull (Québec) J8Y 1S3** **Tél : (819) 771-1471** **Fax : (819) 771-8844**	**Table d'hôte de 26,50$ à 32,50$** **Carte des vins de 24$ à 60$** **Ouvert toute l'année** **lun au ven pour déjeuners et diners** **sam diner seulement** **Visa - MasterCard - AmEx - En route**

6. Centre Relais De La Lièvre

Commission scolaire au Coeur-des-Vallées, Lucie Rochon Beaulne
M. Gaëtan Tessier, chef

Le Centre Relais de la Lièvre est un centre régional de formation hôtelière qui a remporté plusieurs médailles provinciales. Les menus de la Table des Trois Vallées y sont préparés et servis par les étudiants en formation. Voici nos spécialités : flan de maïs et champignons et sa mayonnaise de foie gras, le pastrami d'émeu au confit d'ail à l'hydromel ainsi que le saucisson de lapin fumé aux bleuets, sauce minaki.

De Montréal: prenez la route 148 Ouest. À Masson, prenez la direction de Buckingham. Au 2e feu, tournez à droite sur la rue MacLaren. La rue MacLaren devient Cité des Jeunes.

Centre Relais de la Lièvre **584, boul. Cité des Jeunes** **Buckingham (Québec) J8L 2W2** **Tél: (819) 986-8514** **Fax : (819) 986-9283** **Courriel : nelligan21@sympatico.ca**	**Table d'hôte de 15,75$ à 21,95$** **À la carte de 15$ à 21$** **Carte des vins de 12$ à 22$** **De déc à juin, mar au ven** **de 11 h 30 à 13 h et de 18 h à 22 h** **Visa - Paiement direct**

SALADE D'ENDIVES AUX POMMES, AUX NOISETTES ET AU CHÈVRE CHAUD

Quantité: 6 portions - Préparation : 20 minutes
Cuisson : 5 minutes - Degré de difficulté : moyen

10 ml (2 c. à thé)	de moutarde forte
15 ml (1 c. à soupe)	de persil haché
	sel et poivre
22 ml (1 ½ c. à soupe)	de vinaigre de vin
22 ml (1 ½ c. à soupe)	d'huile d'arachide
52 ml (3 ½ c. à soupe)	d'huile, d'olive
30	feuilles d'endives
2	endives
180 ml (¾ tasse)	de pommes râpées
60 ml (¼ tasse)	de noisettes hachées
180 g (6oz)	de fromage de chèvre, coupé en six rondelles
6	croûtons

Dans un bol, mélanger la moutarde et le persil
Saler et poivrer
Ajouter le vinaigre de vin en remuant
Dans un autre bol, mélanger l'huile d'arachide et l'huile d'olive
Incorporer graduellement, le mélange d'huiles au mélange de vinaigre tout en fouettant
Réserver cette vinaigrette
Pour chaque portion, disposer cinq feuilles d'endives en étoile dans une assiette
Hacher deux endives et les déposer dans un bol
Ajouter les pommes et les noisettes
Arroser de vinaigrette
Mélanger délicatement
Déposer une portion de salade au centre de chaque assiette

Préchauffer le gril du four
Déposer les rondelles de fromage sur les croûtons
Réchauffer au four 5 minutes
Garnir chaque portion de salade d'une rondelle de fromage
Servir immédiatement.

BRAISÉ DE BISON DU GRAND-DUC

Quantité: 8 portions - Préparation : 30 minutes
Cuisson : 1h40 - Degré de difficulté : moyen

45 ml (3 c. à soupe) .... d'huile d'olive
800 g (1 lb 10 oz) .... de cubes de bison
60 ml (¼ tasse) .... de rhum brun
1 .... oignon espagnol émincié
3 .... gousses d'ail, hachées
1 .... piment jalapeño, épépiné
1 .... poivron rouge en lanières
1 .... poivron jaune, en lanières
1 .... poivron vert en lanières
1 .... poivron noir en lanières
5 .... ml (1 c. à thé) de paprika
2 .... tomates, pelées, épépinées et hachées
250 ml (1 tasse) .... de bouillon de poulet (du commerce)
180 ml (¾ tasse) .... de riz à grains longs
250 ml (1 tasse) .... de bouillon de poulet (du commerce)
.... Sel et poivre
45 ml (3 c. à soupe) .... de persil haché

Faire chauffer l'huile dans un grand poêlon ....
Y faire sauter les cubes de bison jusqu'à ce qu'ils soient dorés de toute part .....
Arroser de rhum. Flamber ....
Retirer la viande du poêlon. Réserver au chaud ....
Dans le même poêlon, mettre l'oignon, l'ail, le piment et les poivrons ....
Couvrir et cuire à feu doux 10 minutes ....
Saupoudrer les légumes de paprika ....
Ajouter le bison, les tomates et le bouillon. Amener à ébullition et réduire la chaleur. Couvrir et laisser mijoter, 1 heure ....
Incorporer le riz et le bouillon. Saler et poivrer. Couvrir et poursuivre la cuisson 20 minutes, à feu très doux ....
Saupoudrer de persil ....

Santé
le lait
Jamais sans mon lait

RÉGION DE QUÉBEC

«À Québec, la tradition du "bien-manger" n'est pas une légende, mais bien une réalité. Actuellement, de nombreux restaurants soutiennent cette réputation et la développent.»[1]

Baignée par le Saint-Laurent, cette région englobe Québec, la capitale, mais aussi l'île d'Orléans et la côte de Beauport.

Cette tradition de bonne chère qui caractérise la région de Québec s'est transformée au fil des ans, en fonction de la disponibilité des aliments et des goûts des habitants. Les gibiers, les poissons, les légumes et les fruits étaient variés et abondants. Ils entraient dans la composition de différents plats. Les marchés publics permettaient aux habitants de s'approvisionner et de faire des échanges.

Si son fromage a disparu, les fraises de l'île d'Orléans sont toujours aussi réputées. La culture du cassis s'y est maintenant ajoutée avec succès. La région de Portneuf est restée fidèle à la production de maïs, au point d'en faire une spécialité reconnue.

L'usage de la pomme de terre y a été grandement diversifiée. On la retrouve bien sûr dans le bouilli, mais aussi dans les plats à légumes, les soupières et les gâteaux. Une grande partie de la région est recouverte d'érablières.

[1] Institut de tourisme et d'hôtellerie du Québec, *Cuisine traditionnelle des régions du Québec,* Les Éditions de l'homme, Les Publications du Québec.

RÉGION DE QUÉBEC

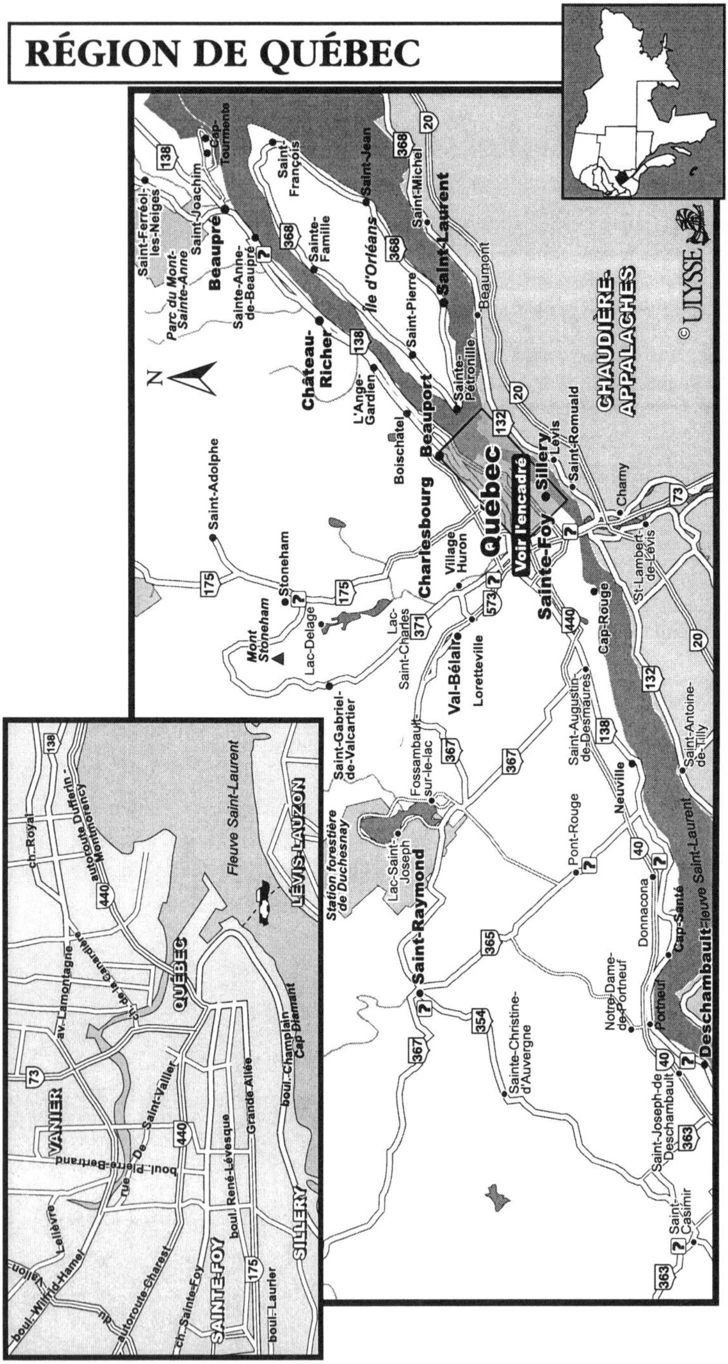

1. AUBERGE LE CANARD HUPPÉ

M. Gaetan Sirois et Mme Anne-France Labrecque, propriétaires
M. Philip Rae, chef

Petite auberge de campagne, d'inspiration française offrant une table de fine cuisine québécoise et le gîte douillet. Lauréat des Grands Prix du Tourisme Québécois et de nombreuses reconnaissances en gastronomie.

Route 138 : traversez le pont de l'Île d'Orléans. Aux feux de circulation, continuez tout droit sur 6 km. L'auberge Le Canard Huppé est à gauche.

Auberge Le Canard Huppé **2198, chemin Royal** **Saint-Laurent, Île d'Orléans** **(Québec) G0A 3Z0** **Tél : (418) 828-2292** **Sans frais : 1-800-838-2292** **Fax : (418) 828-0966**	**Table d'hôte de 25,95$ à 41,95$** **À la carte de 3,95$ à 18,95$** **Carte des vins de 22,95$ à 300$** **Ouvert toute l'année** **Visa - MasterCard - AmEx - Paiement direct**

2. AUBERGE LA MAISON DESCHAMBAULT

M. Hélène Grünert et Claude Fiset, propriétaires
Mme Hélène Grünert, chef

Une auberge, un havre de paix, un refuge, un oasis entre le rêve et la réalité... Majestueuse maison, entourée d'arbres centenaires. Un coin apéro, 2 salles à manger, un jardin bordé de roses. Nous offrons une fine cuisine régionale matin, midi et soir.

Autoroute 40, sortie 257; empruntez la route 138, en direction de Québec sur 2 km, puis sur la route 138.

Auberge La Maison Deschambault **128, chemin du Roy** **Deschambault (Québec) G0A 1S0** **Tél : (418) 286-3386** **Fax : (418) 286-4064** **Courriel : auberge@globetrotter.qc.ca** **www.quebecweb.com/deschambault**	**Table d'hôte (midi) 10$ à 14$** **Table d'hôte (soir) 25$ à 34$** **Carte des vins de 17$ à 45$** **Ouvert de fév à déc** **tous les jours de 7 h à 21 h** **Visa - MasterCard - AmEx - Paiement direct**

3. CHÂTEAU BONNE ENTENTE

Groupe Pommerleau, propriétaire
M. Gaston Couillard, chef

Le restaurant «Le Pailleur», fier de sa renommée, vous fera découvrir une cuisine du terroir dans une ambiance feutrée. Personnel stylé. Un restaurant où l'animation bas son plein à l'année.

Autoroute 20 Est, direction autoroute Duplessis, sortie chemin Sainte-Foy. À gauche, au feu. 1000 pieds à droite. Autoroute 40. Direction autoroute Duplessis, sortie chemin Sainte-Foy.

Château Bonne Entente **3400, chemin Sainte-Foy** **Sainte-Foy (Québec) G1X 1S6** **Tél : (418) 653-5221** **Fax : (418) 653-3098** **Courriel : chateau.bonne.** **entente@sympatico.ca**	**Table d'hôte de 19,50$ à 27,50$** **Entrées à la carte de 5,95$ à 8,95$** **Carte des vins de 22$ à 160$** **menu dégustation : 39,95 $** **En semaine : 6 h à 23 h** **sam et dim : 7 h à 23 h** **Visa - MasterCard - AmEx - Paiement direct**

4. HOLIDAY INN, QUÉBEC STE-FOY

Hospitality R.O. Inc. / M. Jean Langlois, D.G.
M. Jean Robin, chef

Le Holiday Inn Québec Ste-Foy, centre de conférence, est l'endroit idéal où les groupes de tout genre peuvent apprécier les délices gastronomiques du Québec tout comme dans les salles à manger les plus réputées. Cuisine régionale et française. Truite, gigot d'agneau, veau, porc, etc.

Holiday Inn Québec Ste-Foy **3125, boul. Hochelaga** **Sainte-Foy (Québec) G1V 4A8** **Tél : (418) 653-4901** **Fax : (418) 653-7115**	**Table d'hôte de 9,95$ à 29,95$** **À la carte de 8,95$ à 19,95$** **Carte des vins de 15,00$ à 55,00$** **Ouvert toute l'année,** **tous les jours de 7 h à 24 h** **Visa - MasterCard - AmEx - Paiement direct**

5. L'ASTRAL - LOEWS LE CONCORDE

Loews Hotels, propriétaire
M. Mario Martel, chef

Situé tout au haut de l'hôtel Loews Le Concorde, l'Astral, l'unique restaurant rotatif à Québec, vous propose une cuisine régionale, des buffets gastronomiques, le meilleur brunch du dimanche en ville et une table d'hôte axée sur les festival thématiques saisonniers. Un éventail de 20 martinis et une excellente carte des vins, plusieurs étant au verre, vous sont suggérés.

Autoroute 20 Est en direction de Québec. Traversez le pont Pierre Laporte. À la sortie du pont, prenez la sortie 175 (boul. Laurier). Le boul. Laurier devient éventuellement la Grande-Allée. L'hôtel est situé angle Grande-Allée et Place Montcalm.

L'Astral - Loews Le Concorde 1225, Place Montcalm Québec (Québec) G1R 4W6 Tél : (418) 647-2222 Fax : (418) 647-4710 courriel : dpre@medium.qc.ca	Table d'hôte (midi) 9,50$ à 16,75$ Table d'hôte (soir) 19,50$ à 32,75$ Carte des vins de 25,95$ à 218$ Ouvert toute l'année lun au sam de 11 h 45 à 15 h et de 18 h à 23 h dim 10 h à 15 h et de 18 h à 23 h bar : tous les jours de 12 h à 24 h Visa - MasterCard - AmEx - Paiement direct

6. LA MAISON SERGE BRUYÈRE

M. et Mme Barré, propriétaires
M. Jean-Claude Crouzet, chef

La particularité de la Maison Serge Bruyère est d'avoir 3 restaurants sous un même toit! «La Grande Table» vous accueille dans une ambiance feutrée et chaleureuse et «Le Bistro chez Livernois» vous invite à venir admirer de son exposition de photographies d'époque. «Le Café Bruyère», quant à lui, vous propose une ambiance relaxe sous ses voûtes historiques.

Au coeur du Vieux-Québec, à l'intérieur des murs historiques, à l'angle des rues Saint-Jean et côte de la Fabrique. À côté de l'hôtel de ville.

La Maison Serge Bruyère 1200, rue Saint-Jean Québec (Québec) G1R 1S8 Tél : (418) 694-0618 Fax : (418) 694-2120	Table d'hôte à partir de 28$ À la carte de à partir de 5,95$ Carte des vins de 28$ à 750$ La Grande Table : tous les soirs, de 18 h à 22 h Le Bistro chez Livernois : 11 h 30 à 14 h, 17h 30 à 22h Le Café Bruyère : 8 h à 23 h (hiver), 7 h 30 à 3 h (été) Visa - MasterCard - AmEx - Paiement direct

7. Restaurant La Tanière

M. Laurier Therrien et Mme Chantal Therrien, propriétaires
M. Frédérick Bagnol, chef

Le décor, constitué d'objets de chasse, rappelle aux clients la spécialité de la maison : le gibier. Cerf, sanglier, caribou, faisan se côtoient au menu et, selon les saisons, têtes de violon, champignons sauvages. Nous sommes situés à Sainte-Foy, à cinq minutes de l'aéroport.

À l'intersection des rues Hamel et Duplessis, prenez Hamel vers l'ouest sur 3 km. Aux feux de circulation à St-Ange, prenez la droite sur 4 km. Le restaurant est sur votre gauche.

Restaurant La Tanière **2115, St-Ange** **Sainte-Foy (Québec) G2E 3L9** **Tél : (418) 872-4386** **Fax : (418) 877-6037**	**Table d'hôte de 26$ à 45$** **À la carte de 18$ à 48$** **Carte des vins de 27$ à 60$** **Ouvert toute l'année** **mer au dim, 18 h à la fermeture** **Visa - MasterCard - AmEx - Paiement direct**

8. Restaurant L'Azalée

M. Roger Pelletier, propriétaire et chef

Roger Pelletier et Ginette Lemay vous reçoivent dans l'ambiance simple et chaleureuse de leur établissement de fine cuisine. L'Azalée se distingue par sa cuisine de marché. Un excellent choix de table d'hôte, différente chaque jour, en plus d'un relais gastronomique composé de sept services. Vous serez comblé par son service discret et raffiné, dans un nouveau décor.

Boul. Henri IV Nord, sortie Industriel, Pie XI Nord à droite.

Restaurant L'Azalée **1569, boul Pie XI nord** **Val Belair (Québec) G3J 1H8** **Tél : (418) 843-3101** **Fax : (418) 845-0413**	**Table d'hôte (midi) 7,75$ à 13,95$** **Table d'hôte (soir) 19,95$ à 29,95$** **Carte des vins de 22$ à 70$** **Ouvert toute l'année,** **tous les jours de 11 h à 14 h** **diner à partir de 18 h** **Visa - MasterCard - AmEx**

9. Restaurant Le Moulin de St-Laurent

M. et Mme Yvon et Élise Prémont,
M. et Mme J. Victor et Anne Lachance, propriétaires

Ancien moulin à farine datant de 1720. La fin de semaine, des musiciens agrémentent votre soirée. Grande terrasse extérieure avec vue sur une magnifique chute. Gagnant de la médaille de bronze au concours «Le porc en tête» édition 1998.

Autoroute 440 ou 40, pont de l'île d'Orléans, route Prévost (368 Sud), 12 km à partir du feu de circulation.

Restaurant Le Moulin de St-Laurent 754, chemin Royal Saint-Laurent, île d'Orléans (Québec) G0A 3Z0 Tél : (418) 829-3888 Fax : (418) 829-3716 Courriel : moulin@clic.net www.moulinstlaurent.qc.ca	**Table d'hôte de 24$ à 34$ Carte des vins de 21$ à 60$ Ouvert de mai à oct 11 h 30 à 14 h 17 h 30 à 20 h Visa - MasterCard - AmEx - Paiement direct**

10. Le Parlementaire (Hôtel du Parlement)

Assemblée Nationale, propriétaire
M. Réal Therrien, chef

Le restaurant Le Parlementaire, longtemps désigné «Café du Parlement», fut inauguré en 1917. De style Beaux-Arts, cette prestigieuse salle à manger a su préserver son patrimoine architectural exceptionnel, dont une magnifique verrière, véritable voûte de lumière et de couleurs. La cuisine des régions du Québec y est apprêtée avec le plus grand art.

Par l'autoroute Dufferin Montmorency, l'Hôtel du Parlement est situé à l'angle des rues Honoré Mercier et Grande Allée. Vous avez accès au restaurant Le Parlementaire en vous présentant à la porte no. 3 (façade du Parlement) coin Grande Allée.

Hôtel du Parlement 1045, rue des Parlementaires Québec (Québec) G1A 1A3 Tél : (418) 643-6640 Fax : (418) 643-6378	**Table d'hôte de 10,95$ à 16,95$ À la carte de 6,75$ à 14,25$ Carte des vins de 18$ à 560$ Ouvert toute l'année, du mar au ven de 8 h à 14 h 30 Visa - MasterCard - AmEx - Paiement direct**

11. Le Poisson D'Avril

M. Christian Bernier, propriétaire
M. Claude Belleau, chef

Situé dans le secteur Vieux-Port de Québec, Le Poisson d'Avril se spécialise dans les poissons et les fruits de mer. Déjà près de 9 ans que nous prenons plaisir à expérimenter les produits nouveaux des pêcheurs québécois (couteaux de mer, concombre de mer, homard, palourde de mer, etc.).

Suivez le boul. Champlain jusqu'à Dalhousie, puis empruntez Dalhousie jusqu'à Saint-André ou suivez le boul. Charest vers l'est où il devient la rue St-André.

Le Poisson d'Avril 115, quai Saint- André Québec (Québec) G1K 3Y3 Tél : (418) 692-1010 Fax : (418) 692-1664 Courriel : davril@quebectel.com	Table d'hôte de 25$ à 50$ À la carte de 8,95$ à 19,95$ Carte des vins de 25$ à 50$ juin, juil, août de 11 h à 23 h sept à mai à partir de 17 h Visa - MasterCard - AmEx - Paiement direct

12. Restaurant L'Amarelle

M. et Mmes Alain Bertrand, Yvan Fillion, Josée Courcy, Manon Courcy, propriétaires
M. Yvan Fillion, chef

L'Amarelle se distingue des autres restaurants par l'ambiance chaleureuse créée pas ses différents salons, la qualité de ses produits et la présentation soignée de ses différents plats. Les spécialités de la maison sont le gibier, l'autruche, le poisson frais et les fruits de mer. L'Amarelle, la simplicité : un signe de perfection.

Autoroute 40 (Félix Leclerc), sortie Henri-Bourassa Nord (direction Chalesbourg) jusqu'à l'intersection de la 80e rue. Le restaurant L'Amarelle est à droite (l'entrée se trouve sur la 80e rue).

Restaurant L'Amarelle 8000, boul. Henri-Bourassa Charlesbourg (Québec) G1G 4C7 Tél : (418) 627-5526 Fax : (418) 627-8292	Table d'hôte (midi) 6,25$ à 14,95$ Table d'hôte (soir) 17,95$ à 32,95$ À la carte de 8,95$ à 24,95$ Carte des vins de 22,95$ à 51,95$ Ouvert toute l'année lun au ven 7 h à 22 h sam et dim 8 h à 22 h Visa - MasterCard - AmEx

13. RESTAURANT LA CAMARINE

M. Éric Blois, Philippe Robitaille, René Simon, propriétaires
M. Philippe Robitaille, chef

La cuisine et la carte des vins de ce haut lieu de la gastronomie au Québec ont été maintes fois honorées. L'accueil plein d'égards ainsi que l'ambiance intime et chaleureuse des lieux ne manqueront pas de vous charmer.

De Québec : route 138 direction est jusqu'à Ste-Anne-de-Beaupré. 25 minutes à l'est de Québec. 3 km à l'est de la basilique Ste-Anne.

Restaurant La Camarine **10947, boul. Ste-Anne C.P. 40** **Beaupré (Québec) G0A 1E0** **Tél : (418) 827-1958** **Fax : (418) 827-5430** **Courriel : camarine@total.net**	**Table d'hôte de 39,95$ à 49,95$** **Carte des vins de 27$ à 900$** **Ouvert toute l'année, tous les jours** **Prière de réserver** **Visa - MasterCard - AmEx - En route**

14. RESTAURANT LA FENOUILLIÈRE

M. Yvon Godbout et M. Martin Gosselin, propriétaires
M. Yvon Godbout, chef

Considérée comme l'une des meilleurs tables de Québec et maintes fois récipiendaire de prix gastronomiques, vous découvrirez à La Fenouillière le plaisir de savourer une cuisine du marché au goût contemporain dans une atmosphère des plus détendues. Le chef et le maître d'hôtel partagent la même passion du bon et du beau.

À l'entrée du grand Québec, à proximité des ponts et à moins de 10 minutes du Vieux-Québec.

Restaurant La Fenouillière **3100, chemin St-Louis** **Sainte-Foy (Québec) G1W 1R8** **Tél : (418) 653-3886** **Fax : (418) 653-2630**	**Table d'hôte (midi) 10,50$ à 14,95$** **Table d'hôte (soir) 29,50$ à 36,50$** **À la carte de 17,50$ à 23,50$** **Carte des vins de 23$ à 750$** **Ouvert tous les jours** **de 7 h à 11 h, de 11 h 30 à 14 h** **et de 17 h 30 à 22 h** **Visa - MasterCard - AmEx - Paiement direct**

15. Restaurant Laurie Raphaël

M. Daniel Vézina et Mme Suzanne Gagon, propriétaires
M. Daniel Vézina, chef

Une cuisine inspirée de produits frais et d'originalité. Présentée de façon spectaculaire. Un décor raffiné et confortable ainsi qu'un service professionnel et courtois sauront vous combler!

À côté du Musée de la Civilisation dans le vieux Port.

Restaurant Laurie Raphaël **117, rue Dalhousie** **Québec (Québec) G1K 9C8** **Tél : (418) 692-4555** **Fax : (418) 692-4175** **Courriel : laurieraphael@videotron.ca**	**Table d'hôte pour groupe de 38$ à 69$** **À la carte de 9$ à 30$** **Carte des vins de 26$ à 600$** **lun au ven :** **de 12 h à 14 h 30 et de 18 h à 22 h** **sam et dim :** **de 18 h à 22 h** **Visa - MasterCard - AmEx - Paiement direct**

16. Le Galopin

M. Sylvain Boudreau et M. Mario Martel, propriétaires
M. Marc Roy et M. Éric Fortin, chefs

La fine cuisine du terroir sans prétention. Un restaurant chaleureux avec un service personnalisé, un accueil courtois et un menu des plus variés. «Le Galopin»: des gens attachants.

À côté des ponts de Québec, tout près de L'Aquarium de Québec, face au nouveau kiosque d'information touristique.

Le Galopin **3135, chemin Saint-Louis** **Sainte-Foy (Québec) G1W 1R9** **Tél : (418) 652-0991** **Fax : (418) 654-9290**	**Table d'hôte de 20$ à 30$** **À la carte de 20$ à 30$** **Carte des vins de 20$ à 150$** **Ouvert toute l'année, tous les jours** **de 7 h à 10 h 30, de 11 h 30 à 14 h,** **et de 17 h à 22 h** **Visa - MasterCard - AmEx - Paiement direct**

17. CHÂTEAU MONT SAINTE-ANNE

Corporation Financière Québécoise inc., propriétaire
M. José Mariello, chef

Niché au pied du majestueux Mont Sainte-Anne, un hôtel de villégiature quatre saisons, quatre étoiles dans un décor polo-champêtre où le calme, le divertissement et le plaisir du palais sont mis en valeur pour chacun de nos invités.

Château Mont-Saint-Anne 500, boul. Beaupré Beaupré (Québec) G0A 1E0 Tél : (418) 827-5211 Fax : (418) 827-5072 Courriel : hcmsa@total.net	Table d'hôte à partir de 26$ À la carte de 16$ à 28$ Carte des vins de 19$ à 39$ Ouvert à l'année Visa - MasterCard - AmEx - Paiement direct

18. MANOIR MONTMORENCY

Société Établissements Plein-air du Québec, propriétaire
Mme Marie-Chantal Lepage, chef

Nous vous offrons un service courtois dans une ambiance dès plus chaleureuses. Notre spécialité : la fine cuisine québécoise! Notre salle à manger offre une vue imprenable sur les chutes, le fleuve St-Laurent et l'Île d'Orléans. Stationnement gratuit.

Situé à 9 km à l'est du centre-ville de Québec. Accessible soit par l'Autoroute de la Capitale (40) ou le boul. Sainte-Anne (138).

Manoir Montmorency 2490, avenue Royale Beauport (Québec) G1C 1S1 Tél : (418) 663-3330 Fax : (418) 663-1706 Courriel : montmorency@sepaq.com	Table d'hôte de 21,95$ à 29,95$ À la carte de 15$ à 25$ Carte des vins de 27,95$ à 75,95$ Ouvert de mai à oct, tlj, 11 h à 22 h nov à avril, dim au mer, 11 h 30 à 16 h et du jeu au sam 11 h 30 à 21 h fermé en jan Visa - MasterCard - AmEx - Paiement direct

19. Collège Mérici

M. Gilles Levesque, D.G.
M. Yvon Godbout, chef

Salle à manger pédagogique ou la nourriture et le service sont réalisés par des étudiants en gestion hôtelière et restauration, sous la supervision des professeurs.

Situé près des Plaines d'Abraham, on y accède par le boul. Laurier (en provenance de Ste-Foy) ou par Grande-Allée (en provenance du centre-ville de Québec).

Collège Mérici 755, chemin Saint-Louis Québec (Québec) G1S 1C1 Tél : (418) 683-1591 Fax : (418) 682-8938 Courriel : glevesque@college-merici.qc.ca	Table d'hôte de 7,99$ à 10,99$ Carte des vins de 12$ à 28$ Ouvert de sept à mai, mer au ven de 12 h à 14 h sur réservation Visa - MasterCard - Paiement direct

20. La Conserverie du Quartier

M. Yohand Bouchard, confiturier artisan

Préparation de confitures, gelées marmelades, moutardes, huiles et vinaigres aromatisés, ketchup, chutney, plus de 240 produits fabriqués artisanalement et cuits au chaudron de cuivre.

Situé dans le Vieux-Limoilou.

La Conserverie du Quartier **315B, de la Canardière** **Québec (Québec) G1L 2V1** **Tél : (418) 647-1367** **Fax : (514) 647-3944**	**Produits : 2,99 $ à 8,99 $** **Ouvert toute l'année** **lun au ven 10 h à 17 h** **sam 10 h à 16 h** **Visa - AmEx**

21. Fumoir La Fée des Grèves

M. Marin Letenneur et M. Nicolas Letenneur, propriétaires

Fondé en 1994, au coeur du Québec, le fumoir La fée des Grèves est reconnu pour la perfection de ses produits fumés et plus particulièrement pour sa truite et son saumon fumés de l'Atlantique.

Fumoir La fée des Grèves **1920, avenue Jean de Clermont** **Beauport (Québec) G1E 3S3** **Tél : (418) 666-1892** **Fax : (418) 666-1875** **Courriel :** **lafeedesgreves@sprint.ca**	**lun au ven, de 9 h à 17 h** **fermé en janvier**

22. FROMAGERIE CAYER

M. Denis Cayer, propriétaire

À seulement 40 minutes au nord-ouest de la ville de Québec, un décor chaleureux et un concept unique vous attendent. Conseillères sur place. Possibilité de recevoir des groupes sur réservation. Venez découvrir le monde des fromages. Plus de 40 variétés.

Autoroute 40 Ouest, sortie 281 Nord, route 365 Nord et route 367 Nord jusqu'à St-Raymond. 2 km en ligne droite passé les feux de circulation.

Fromagerie Cayer Inc. 500, Route 367 Saint-Raymond (Québec) G0A 4G0 Tél : (418) 337-4287 Fax : (418) 337-8288 Courriel : www.cayer.ca	**Lun à jeu : 8 h 30 à 17 h 30, Ven : 8 h 30 à 21 h Sam : 9 h à 16 h Dim : 12 h à 16 h Visa - MasterCard - Paiement direct**

23. MUSÉE DE L'ABEILLE

M. Redmond Hayes, propriétaire

Le Musée de l'Abeille est le propriétaire de 5 apicultures professionnelles possédant 3 000 ruches. Seul Économusée du miel, il comporte un centre d'interprétation unique en Amérique, des installations modernes de transformation du miel, Hydromel ainsi que confiserie et pâtisseries au miel. Une visite inoubliable.

Musée de l'Abeille 8862, boul. Sainte-Anne Château-Richer (Québec) GOA 1N0 Tél : (418) 824-4411 Fax : (418) 824-4422	**Ouvert tous les jours de 9 h à 18 h**

24. Fumoir Grizzly

M. Bernard Ruby, M. et Mme Pierre et Andrée Fontaine, propriétaires

Le Fumoir Grizzly, de par ses méthodes de fumage innovatrices, se considère, face aux principaux producteurs mondiaux, unique sur le marché. Ses poissons fumés, avec un taux de sel très faible et un badigeonnage au sirop d'érable pur, ont une saveur délicate et raffinée. Tous ses produits sont de très haute qualité. «La Griffe qui fait sa marque». Spécialités : saumon fumé (pacifique et atlantique), truite fumée, omble chevalier fumé, turbot fumé.

Fumoir Grizzly Inc.
2395, rue Chappe
Sainte- Foy (Québec) G2G 2N8
Tél : (418) 877-4255
Fax : (418) 877-4384

RÂBLE DE LAPIN AU CIDRE

Cuisson 40 minutes - Préparation 20 minutes
Portions 4 - Difficulté ***

2 .... râbles désossés (demander à votre boucher)
250 g .... de viande de porc hachée
2 .... blancs d'oeufs
75 ml .... de crème à cuisson 35 %
..... Julienne de carottes et de céleri, et petits pois blanchis en quantité suffisante
750 ml .... de cidre (ou jus de pomme)
1 c. à thé .... d'origan sec
250 ml .... de sauce demi-glace (en sachet)
125 ml .... de crème de table 15 % à l'ancienne
.... sel, poivre au goût

1. Dans le récipient du robot culinaire. réduire la viande de porc en purée .....

2. Ajouter les blancs d'oeufs un à un, le sel, le poivre et incorporer doucement la crème 35 % ....

3. Farcir chaque râble avec un quart (ou moins) du mélange préparé aux points 1 et 2 ....

4. Étaler une partie de la julienne de carottes et de céleri, et les petits pois .....

5. Rouler chaque râble dans une pellicule de plastique. Bien attacher les bouts .

6. Verser le cidre dans un chaudron, y déposer les râbles, amener à ébullition, puis baisser le feu et cuire doucement environ 35 minutes ....

7. Retirer les râbles et réserver. Ajouter l'origan dans le cidre, faire réduire aux trois quarts à pleine ébullition, puis ajouter la sauce demi-glace, la crème de table 15 % et laisser cuire 3 à 5 minutes ....

8. Trancher les râbles et les servir accompagnés de sauce et de brocolis, de courgettes et de pommes parisiennes ....

Poitrines de Volaille Farcies à la Pomme et au Miel

Quantité: 4 portions - Préparation : 20 minutes
Cuisson : 15 minutes - Degré de difficulté : moyen

4 .... suprêmes de poulet (demi-poitrines, sans peau et désossées)
60 ml (¼ tasse,) .... de compote de pommes
60 ml (¼ tasse) .... de farine
2 .... oeufs
180 ml (¾ tasse) .... de lait
125 ml (½ tasse) .... de chapelure
30 ml (2 c. à soupe) .... de beurre
30 ml (2 c. à soupe) .... d'huile
150 ml (⅔ tasse) .... de vin blanc
1 .... échalote française, hachée
45 ml (3 c. à soupe) .... de miel
250 ml (1 tasse) .... de fond brun ou de sauce demi-glace (du commerce)
10 ml (2 c. à thé) .... de beurre ramolli
10 ml (2 c. à thé) .... de farine
.... Sel et poivre

Préchauffer le four à 200 °C (400 °F) ....
Trancher partiellement les suprêmes sur l'épaisseur, puis les ouvrir à plat. Y étaler la compote de pomme. Renfermer les suprêmes et les fariner légèrement ....
Battre les oeufs et le lait dans un bol et y tremper les suprêmes. Les passer dans la chapelure, puis les dorer à feu moyen dans le beurre et l'huile, 5 minutes de chaque côté ....
Poursuivre la cuisson au four 7 minutes ....
Dans une casserole, faire réduire du tiers le vin blanc, avec l'échalote et le miel .
Incorporer le fond brun et laisser réduire du quart ....
Mélanger le beurre et la farine pour obtenir un beurre manié. Lier la sauce avec le beurre manié en remuant constamment ....
Laisser mijoter jusqu'à la consistance désirée. Saler et poivrer ....

La pomme de terre
du Québec,
fidèle compagne
des plaisirs
gastronomiques

FÉDÉRATION DES PRODUCTEURS
DE POMMES DE TERRE DU QUÉBEC
COMITÉ TABLE

SAGUENAY–LAC-SAINT-JEAN

«Les gens de la région perpétuent avec vivacité et ferveur leur folklore et leurs traditions culinaires : Carnaval de Chicoutimi, Traversée du lac Saint-Jean, Festival du bleuet à Mistassini, celui du miel à Normandin, celui de la gourgane à Saint-Stanislas ainsi que le Festival western à Dolbeau.»[1]

De Tadoussac jusqu'aux limites du Nouveau-Québec, entre la Côte-Nord et l'Abitibi-Témiscamingue, frôlant Charlevoix et la Mauricie, le Saguenay–Lac-Saint-Jean est comme un «pays intérieur».

Sur cet immense territoire couvert de forêts, où le commerce de la fourrure a commencé, deux géants de la nature se côtoient : la rivière Saguenay, qui coule dans le lit du seul fjord navigable en Amérique du Nord, et le lac Saint-Jean, grand comme une mer intérieure.

Le Saguenay et le Lac-Saint-Jean, qu'il ne faut pas confondre, ont deux visages différents. Le premier s'est industrialisé à partir de ses ressources forestières, tandis que le second a développé son agriculture. Tous les deux ont une identité culinaire régionale très forte, développée à partir des ressources locales.

Le Lac-Saint-Jean est la seule région où l'on peut pêcher la ouananiche, ce saumon captif du Lac. De la tourtière, connue dans tout le Québec, les Jeannois ont fait un plat traditionnel aux multiples viandes. C'est dans cette région que les bleuets ont gagné leurs lettres de noblesse. La tarte est célèbre, mais le sont tout autant les bleuets enrobés de chocolat des Pères trappistes. La gourgane, cette fève des marais, a trouvé là un terrain propice à sa culture et triomphe encore dans une soupe traditionnelle.

Sans renier aucun de ses plats de cuisine ancienne, le Saguenay–Lac-Saint-Jean continue à développer une cuisine actualisée, mais bien ancrée dans ses traditions.

[1] Institut de tourisme et d'hôtellerie du Québec, *Cuisine traditionnelle des régions du Québec*, Les Éditions de l'homme, Les Publications du Québec.

SAGUENAY–LAC-ST-JEAN

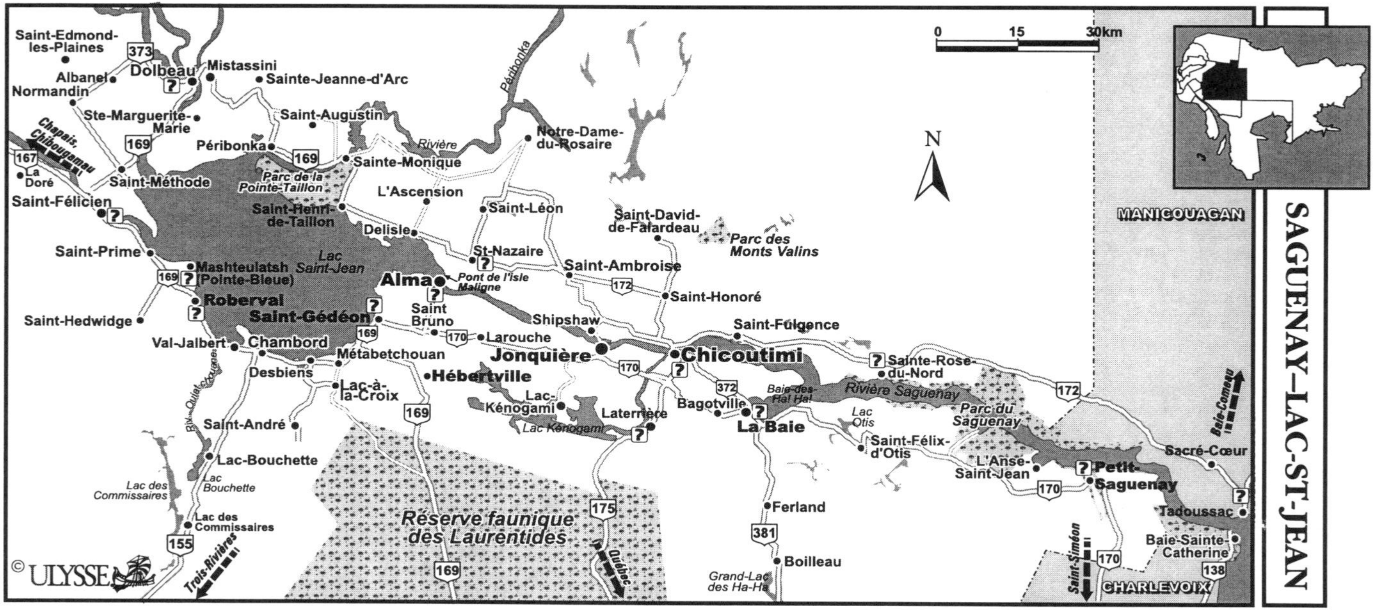

1. Auberge des 21

M. Marcel Bouchard et Mme Nicole Noël, propriétaires
M. Marcel Bouchard, chef

L'Auberge des 21, c'est l'odeur des saveurs régionales constamment réinventées depuis l'arrivée des 21 premiers colons qui fondèrent la baie en 1838. C'est aussi le goût des vins les plus prestigieux du monde conservés précieusement dans l'une des caves les plus importantes de la région. Enfin, c'est surtout la passion de Nicole et Marcel Bouchard.

Par la route 170 Ouest ou 381 Nord, puis la route 170 Est.

Auberge des 21 **621, rue Mars** **La Baie (Québec) G7B 4N1** **Tél : (418) 697-2121** **Fax : (418) 544-3360** **Courriel :** **auberge-des-21@royaume.com**	**Table d'hôte de 34,50$ à 49$** **À la carte de 22$ à 28$** **Carte des vins de 23$ à 800$** **Ouvert toute l'année** **Petit déjeuner : 7 h à 10 h** **Déjeuner : 12 h à 14 h** **Diner : 17 h à 22 h** **Visa - MasterCard - AmEx - Paiement direct**

2. Auberge des Îles

Municipalité de Saint-Gédéon, propriétaire
M. Marc Brisson, chef

La seule auberge sur les rives du lac St-Jean! Fine cuisine et service personnalisé. Site enchanteur, activités nautiques et ambiance chaleureuse.

De Québec : 169 Nord et 170 Ouest. De Trois-Rivières : route 155 Nord et 169 Est.

Auberge des Îles **250, rang des Îles** **Saint- Gédéon (Québec) G0W 2P0** **Tél : (418) 345-2589** **Fax : (418) 345-2683**	**Table d'hôte de 26,95$ à 31,95$** **À la carte de 16,95$ à 19,95$** **Carte des vins de 19$ à 39$** **Ouvert toute l'année,** **tous les jours à partir de 7 h** **Visa - MasterCard - AmEx - Paiement direct**

3. Auberge du Jardin

M. Michel Bloch et Mme Marie-José Laurent, propriétaires
M. Michel Bloch,chef

À L'Auberge du jardin, l'accueil est notre plus belle fleur dans un nouveau décor chaleureux et dans une ambiance plus intime. Vous aurez tout le plaisir de déguster nos spécialités. Canard, oie, saumon et bleuets s'accommodent parfaitement à notre table.

De Québec : route 138 Est jusqu'à Saint-Siméon, puis route 170 Nord pour atteindre Petit-Saguenay (250 km). De Chicoutimi : route 170 Sud (95 km).

Auberge du Jardin 71, boul. Dumas Petit-Saguenay (Québec) G0V 1N0 Tél : (418) 272-3444 Sans frais : 1-888-272-3444 Fax : (418) 272-3174 www.quebecweb.com/aubdujardin	**Table d'hôte de 24,50$ à 29,50$ Carte des vins de 18,50$ à 75$ Ouvert toute l'année 8 h à 23 h Visa - MasterCard - AmEx**

4. Auberge Presbytère Mont Lac Vert

M. Gérard Tremblay, propriétaire
Mme Michèle Tremblay, chef

Presbytère construit en 1917. Cachet historique mettant en vedette pièces d'ameublement du temps. Accueil chaleureux, salle à manger intime, cuisine raffinée, spécialité de bœuf, poisson et volaille. Chambres spacieuses, confortables et chaudes, toutes avec salle de bain complète. Salle de conférences calme et tranquille. Au cœur de la région du Saguenay–Lac-St-Jean.

Par la route 169 à Hébertville, direction Mont Lac Vert et Camping municipal d'Hébertville. Premier embranchement à droite en sortant de la réserve faunique des Laurentides.

Auberge Presbytère Mont Lac Vert 335, chemin du Lac Vert Hébertville (Québec) G8N 1M1 Tél : (418) 344-1548 Sans frais : 1-800-818-1548 Fax : (418) 344-1013	**Table d'hôte de 21,95$ à 32,50$ À la carte de 14,50$ à 18,50$ Carte des vins de 18,95$ à 35,50$ Ouvert toute l'année, tous les jours de 8 h à 10 h et de 18 h à 21 h Visa - MasterCard - AmEx - Paiement direct**

Les Îles de la Madeleine, où le vent et les vagues balaient les côtes, offrent une vue éclatante sur le golfe du Saint-Laurent
– Yves Marcoux Tourisme Québec

Escalopes de loup marin sauce au poivre
p. 77 - Scriptum Communication

La région de Charlevoix voit de nombreuses embarcations sillonner le fleuve Saint-Laurent.
– Heiko Wittenborn Tourisme Québec

Mousseline au miel et coulis de framboises
p. 43 - Scriptum Communication

Ainsi qu'en témoigne cette impressionnante colonie d'oies, dans la région du Bas-Saint-Laurent, la faune ailée du Québec n'a rien à envier aux autres nations de la planète.
– Michel Dompierre Tourisme Québec

Torsade d'agneau au vinaigre de miel
p. 22 - Scriptum Communication

Là où le fleuve se rétrécit, le port de Québec accueille les embarcations, tandis que, dans les hauteurs de la ville, trône le Château Frontenac.
– *Jacques Bourdeau Tourisme Québec*

Poitrine de volaille farcie à la pomme et au miel
p. 171 - Scriptum Communication

5. HÔTEL CHÂTEAU ROBERVAL

M. Daniel Lauzon, propriétaire
M. Patrick Rioual, chef

Hôtel de style atrium, piscine intérieure, ouananiche gardée vivante, bison, fromage Perron, tourtière du Lac Saint-Jean.

De Montréal : route 155. De Québec : route 169. À 5 minutes de l'aéroport de Roberval.

Hôtel Château Roberval **1225, boul. Saint-Dominique** **Roberval (Québec) G8H 2P1** **Tél : (418) 275-7511** **Fax : (418) 275-6853**	**Table d'hôte de 17,95$ à 28,75$** **À la carte de 16,50$ à 24,50$** **Carte des vins de 18,95$ à 57$** **Ouvert toute l'année, tous les jours** **Visa - MasterCard - AmEx - Paiement direct**

6. HOLIDAY INN SAGUENAY- CENTRE DES CONGRÈS

3008321 Canada inc.
M. Yves Bonneau, chef

Entièrement rénové au coût de 3 millions de dollars, notre établissement compte 155 chambres et suites spacieuses. Vous apprécierez l'excellente cuisine de notre restaurant «Côté Jardin» ou le fait de vous divertir à notre bar «Le Zeste» à nos tables de billards ou tout simplement près d'un bon feu de foyer.

De Montréal, soit la 20 ou la 40 direction est jusqu'à Québec. Parc des Laurentides direction Chicoutimi jusqu'à l'intersection Jonquière, Chicoutimi, La Baie. À gauche direction Jonquière (170), puis 8 km jusqu'à l'hôtel.

Holiday Inn Saguenay - **Centre des congrès** **2675, boul. du Royaume** **Jonquière (Québec) G7S 5B8** **Tél : (418) 548-3124** **Fax : (418) 548-1638** **Courriel : holiday@hisaguenay.com**	**Table d'hôte de 13,95$ à 24,95$** **À la carte de 8,95$ à 34,50$** **Carte des vins de 14$ à 370$** **Ouvert toute l'année, tous les jours** **Visa - MasterCard - AmEx - Paiement direct**

7. La Maison de la Rivière, Auberge

M. Michel Lambert et Mme Josette Mercier, propriétaires
M. Michel Lambert, chef

La salle à manger donne une vue exceptionnelle du Saguenay et des sommets environnants. Ambiance familiale chaleureuse. Cuisine inspirée des traditions amérindiennes et québécoises de même que des plantes sauvages.

À environ 10 km à l'est de La Baie, quittez la route 170 et faites 4 km sur le chemin de La Batture. Un moulin à scie se trouve à l'intersection de la 170.

La Maison de la rivière, auberge **9122, chemin de la Batture** **La Baie (Québec) G7B 3P6** **Tél/Fax : (418) 544-2912** **Courriel :** **michellambert@videotron.ca**	**Table d'hôte de 25$ à 30$** **Carte des vins de 20$ à 70$** **Ouvert toute l'année, tous les jours** **sur réservation seulement** **Visa - MasterCard - AmEx - Paiement direct**

8. Restaurant La Bougresse

M. Daniel Tremblay, Mme Geneviève Tremblay et M. Marc Desbiens, propriétaires
Mme Geneviève Tremblay, chef

Intuition, créativité, culte de la fraîcheur des produits et de leur origine, régionale de préférence, voilà quelques éléments qui font sa renommée. La Bougresse vous propose un décor aux couleurs chaleureuses, une carte que Geneviève a mijoté pour vous tout en ayant gardé vos mets favoris. Une carte des vins renouvelée ainsi que des vins sélectionnés pour le plaisir de votre palais.

Situé en plein centre-ville, voisin de la cathédrale et de l'Hôtel Chicoutimi. La rue Riverin est un sens unique.

Restaurant La Bougresse **260, rue Riverin** **Chicoutimi (Québec) G7H 4R4** **Tél : (418) 543-3178** **Fax : (418) 543-6101**	**Table d'hôte de 19,95$ à 24,95$** **À la carte de 10,95$ à 35$** **Carte des vins de 20$ à 120$** **Ouvert toute l'année** **Visa - MasterCard - AmEx - Paiement direct**

9. Restaurant Pachon

M. Daniel Pachon et Mme Carole Tremblay, propriétaires
M. Daniel Pachon, chef

Ambiance chaleureuse dans la simplicité. Une cuisine française à partir de produits régionaux – notre cassoulet de Carcassonne en est un succulent exemple! M. Daniel Pachon, chef et propriétaire, a d'ailleurs été fait «grand maître cassoulet» à Carcassonne le 2 juin 1998, et ce, par les fondateurs de l'Académie Universelle du Cassoulet.

Boulevard Talbot, direction centre-ville. Rue Racine, direction ouest; en bas de la côte, tournez à droite au feu de circulation. L'entrée du restaurant est sur la rue Lafontaine.

Restaurant Pachon **Édifice 255 Racine** **Chicoutimi (Québec) G7H 7L2** **Tél/fax: (418) 690-5188**	**Table d'hôte de 34,95$ à 39,95$** **Carte des vins de 21$ à 92$** **Ouvert du lun au ven pour le déjeuner** **mar et sam pour le dîner** **Visa - MasterCard - AmEx**

10. Auberge aux Oliviers

Mmes Nancy Gaudreault et Jasmine Gaudreault, propriétaires et chefs

Maison patrimoniale avec foyers, décor antique et chaleureux. Couleurs internationales avec ses collections. Cuisine saine et exotique, service personnalisé. Spécialité de diner thématique avec animation.

Direction centre-ville; longez la rivière jusqu'à la passerelle; nous sommes situés à côté du stationnement à étages.

Auberge aux Oliviers **600, boul. des Cascades** **Alma, Lac-St-Jean** **(Québec) G8B 1L1** **Tél : (418) 662-3236** **Fax : (418) 662-7729**	**Table d'hôte de 15,95$ à 23,95$** **À la carte de 5,50$ à 20$** **Carte des vins de 15,75$ à 29,75$** **Ouvert toute à l'année** **7 h 30 à 22 h** **Visa - MasterCard - AmEx - Paiement direct**

Cuisses de Lapin aux Bleuets Sauvages

Cuisson 60 minutes - Préparation 20 minutes
Portions 6 - Difficulté **

4 .... cuisses désossées
1 c. à soupe .... de beurre
50 ml .... de sauce demi-glace (en sachet)
4 c. à soupe .... de gelée de bleuets
225 g .... de bleuets
.... Sel, poivre
60 g .... de beurre sans sel (pour monter la sauce)

Marinade

200 ml .... de vin rouge
50 ml .... d'huile d'olive
10 ml .... de vinaigre de bleuets (produit régional)
2 .... gousses d'ail légèrement écrasées
1 .... branche de romarin
1/4 c. à thé .... de poivre noir
1 .... pincée de muscade

1. Mélanger la marinade, la verser sur les cuisses de lapin et laisser macérer 24 heures au froid. ....

2. Retirer la viande de la marinade et après l'avoir bien séchée, la faire revenir dans le beurre, saler et poivrer ....

3. Passer la marinade au chinois, la verser sur la viande et cuire à feu très doux environ 45 minutes ....

4. Retirer la viande et la conserver au chaud, faire réduire la marinade de cuisson de moitié, ajouter la sauce demi-glace, la gelée de bleuets, le sel, le poivre et, hors du feu, incorporer le beurre à la sauce en fouettant ....

5. Servir cette merveilleuse préparation avec un plat de pâtes aux champignons sauvages ....

Clafoutis aux Bleuets du Lac

100 gr . . . . de sucre d'érable
250 ml . . . . de lait
2 . . . . jaunes d'oeufs
1 . . . . oeuf entier
1 c. à thé . . . . de levure chimique
½ c. à thé . . . . d'essence d'érable
100 gr . . . . de farine
100 gr . . . . de beurre
300 gr . . . . de bleuets
50 gr . . . . de sucre d'érable
. . . . beurre et farine pour le moule (en quantité suffisante)

1. Beurrer un moule et fariner. Saupoudrer de sucre d'érable . . . .

2. Mélanger les 100 gr de sucre avec les 2 jaunes et l'oeuf. Ajouter le beurre réduit en pommade, la farine, la levure, le lait et l'essence . . . .

3. Mélanger les bleuets avec le mélange obtenu à l'étape 2 et le verser dans le moule préparé à l'étape 1 . . . .

4. Cuire au four à 190 C environ 25 à 30 minutes. Vérifier avec la pointe d'un couteau si la cuisson est bonne. . . . .

1. Promotions Agro

M. Ghislain Trudel, courtier et agent de développement

Promotions Agro est un Fournisseur de services pour la mise en marché des produits du terroir de l'Abitibi-Témiscamingue. La mise en valeur de nos produits agro-alimentaires est un placement qui rapporte beaucoup à notre région. Soyons vigilants et encourageons nos producteurs et nos marchands!

Promotions Agro
117, rue Dupuis
Val d'Or (Québec) J9P 4G9
Tél : (819) 825-2672

2. Magazine Grands Gibiers

Mme Louise Bilodeau, propriétaire

Le seul magazine spécialisé dans les élevages de petits et grands gibiers ainsi que dans les élevages d'oiseaux et d'animaux exotiques. De plus, vous pourrez découvrir une toute nouvelle gamme de produits dérivés de ces élevages en plus de recettes écrites par M. André-Paul Moreau pour le plus grand plaisir des fins gourmets.

Magazine Grands Gibiers	Abonnements :
329, rue St-Pierre C.P. 95 Saint-Frédéric (Québec) G0N 1P0 Tél : (418) 426-5221 Fax : (418) 426-5222 Courriel : maggrandsgibiers@minfo.net	1 an : 24,84$ (6 numéros) 2 ans : 46$ (12 numéros + 2 numéros précédents gratuits) 3 ans : 67$ (18 numéros, 10% sur le prix régulier + 3 numéros précédents gratuits) Les taxes sont incluses dans les prix. Nos bureaux sont ouvert du lun au ven, de 8 h à 18 h.

3. André Nayme Enr.

M. André Nayme, propriétaire

ANDRÉ NAYME ENR.

Distributeur exclusif de la marque «DAN' ROC», poêles, rôtissoires, faitouts anti-adhésifs Haut de Gamme, cuisson sans eau ni Matière grasse allant sur toutes les énergies connues et au four à 534 ° F.

André Nayme Enr. **2070, Mayfield, suite 104** **Chomedey, Laval (Québec) H7T 1K5** **Tél : (450) 688-2721** **Fax : (450) 688-5294**	**Visa - MasterCard - Paiement direct**

4. Yves Davignon Expert Conseil inc.

M. Yves Davignon, propriétaire

Conseiller en restauration et hôtellerie, formation sur mesure. Nouvellement détenteur d'un certification d'agrément en alimentation, hôtellerie et tourisme émis par emploi-Québec.

Yves Davignon Expert Conseil inc.
994, rue Le Doré
Baie-Commeau (Québec) G5C 2L1
Tél/fax : (418) 295-2125

5. Me Benoît J. Hudon, avocat et fiscaliste

Avocat et ami de La cuisine régionale au Québec, je suis en tout premier lieu un amateur et un passionné de nos artisans-cuisiniers et artisans-producteurs ainsi que des produits du terroir. Adepte de l'agrotourisme avant même que le terme soit à la mode! Une société se distingue par ses produits et ceux qui nous les font apprécier. Le savoir-faire de ces artisans est l'une de nos plus

Me. Benoît J. Hudon
Avocat et fiscaliste
5065, av. des Sorbiers
Montréal (Québec) H1T 2H4
Tél : (514) 257-0303
Fax : (514) 253-8080

6. Promève

Mme Micheline Vallée et Mme Lucille Larocque, propriétaires

Promève est une entreprise spécialisée en communication dans le secteur agro-alimentaire : relations publiques, promotion, publicité et événements spéciaux.

Promève Inc.
734, ave Outremont, suite 6
Outremont (Québec) H2V 3N1
Tél : (514) 273-8601
Fax : (514) 273-5635
Courriel : promeve@openface.ca

7. Les Éditions la Bonne Recette

Mme Micheline Mongrain-Dontigny, auteure, consultante et enseignante

Découvrez les trésors culinaires régionaux du Québec dans nos livres de cuisine. On y apprend l'histoire de la cuisine des régions et on y retrouve les délicieuses recettes d'hier et d'aujourd'hui, qui forment le riche patrimoine culinaire québécois. On y met aussi en valeur les produits du terroir comme les produits d'érable, le sarrasin, les fromages artisanaux, le gibier, le poisson, etc.

Nos publications: La Cuisine traditionnelle de la Mauricie, La cuisine Traditionnelle de Charlevoix, 150 recettes pour le Saguenay-Lac-St-Jean, Traditional Quebec Cooking.

Les Éditions la Bonne Recette 190, 94e avenue Montréal (Québec) H1A 2E5 Tél : (514) 498-1358 Fax : (514) 498-4049 courriel : edition.bonnerecette@sympatico.ca www3.sympatico.ca/ edition.bonnerecette/	**Ouvert toute l'année, du lun au sam**

8. Collège d'Alfred de l'Université de Guelph

Le Collège d'Alfred, pionnier de l'éducation postsecondaire francophone en Ontario, se spécialise dans le domaine de l'agro-alimentaire. Le partenariat avec l'Université de Guelph, leader mondial dans ce secteur de pointe, enrichit les programmes d'études offerts aux étudiants du collège et les divers services de formation sur mesure et de recherche offerts à l'industrie et aux communautés.

Collège d'Alfred
de l'Université de Guelph
31, rue St-Paul C.P. 580
Alfred (Ontario) K0B 1A0
Tél : (613) 679-2218 poste : 511
Fax : (613) 679-2421
Courriel : slavoie@alfredc.voguelph.ca

1. Centre multifonctionnel de recherche en alimentation

Institut de tourisme et d'hôtellerie du Québec
M. Jean Beaudoin

INSTITUT
DE TOURISME ET D'HÔTELLERIE
DU QUÉBEC

Le Centre multifonctionnel de recherche en alimentation (CMRA) de l'Institut de tourisme et d'hôtellerie du Québec a pour mission de développer des utilisations culinaires pour des produits québécois peu ou mal connus, ou encore sous-utilisés, et de diffuser l'information afin d'en stimuler la consommation par les restaurateurs et la population.

La rue de Rigaud est située immédiatement au nord de la rue Sherbrooke; nous sommes à l'angle de la rue Saint-Denis.

Centre multifonctionnel
de recherche en alimentation
401, rue de Rigaud
Montréal (Québec) H2L 4P3
Tél : (514) 282-5115
Sans frais : 1-800-361-5111
Fax : (514) 864-3182
Courriel : beaudoin-jean@ithq.qc.ca

Salade De Couteaux De Mer De La Côte-nord

Quantité : 4 à 6 portions - Préparation : 30 minutes
Cuisson : 25 minutes - Degré de difficulté : moyen

15 ml (1 c. à soupe) .... de beurre
3 .... échalotes françaises, hachées finement
1 ml (¼ c. à thé) .... de poivre
250 ml (1 tasse) .... de vin blanc
2 kg (4 lb) .... de couteau de mer de la Côte-Nord
1 .... oignon rouge, haché finement
3 .... gousses d'ail, hachées finement
1 .... poivron rouge, haché finement
½ .... piment jalapeño, haché finement
3 .... branches de thym frais hachées
10 .... brins de ciboulette hachés
250 ml (1 tasse) .... d'huile d'olive
75 ml (⅓ tasse) .... de vinaigre de pomme
.... sel et poivre
.... feuilles de laitue frisée au goût
.... herbes aromatiques au choix pour décorer

Laisser tremper les couteaux de mer 10 minutes dans un bol placé sous le robinet d'eau froide ....
Faire chauffer le beurre dans une casserole ....
Ajouter les échalotes, le poivre et le vin blanc ....
Amener à ébullition et réduire aussitôt la chaleur ....
Laisser mijoter 10 minutes ....
Laver les couteaux de mer à l'eau très froide et les déposer dans la casserole ...
Couvrir et cuire de 8 à 10 minutes ....
Retirer les couteaux de mer de la casserole et laisser réduire le jus de cuisson de moitié
Retirer la chair des coquillages la trancher finement ....
Dans un bol, mélanger l'oignon, l'ail, le poivron et le piment jalapeño ....
Ajouter environ 60 ml (¼ tasse) du jus de cuisson réduit, le thym, la ciboulette, l'huile d'olive et le vinaigre de pomme ....
Saler et poivrer ....
Ajouter les tranches de couteau de mer et bien mélanger ....
Tapisser les assiettes de feuilles de laitues ....
Y répartir la salade de couteaux de mer ....
Décorer d'herbes aromatiques ....

1. Table de concertation agro-alimentaire de Laval

Mme Sylvie Gauthier, directrice

Laval, ce sont ses paysages bucoliques, son patrimoine bâti, son identité culturelle, mais c'est aussi sa gastronomie campagnarde. C'est pourquoi, afin de valoriser toutes ses saveurs, la Table de concertation agro-alimentaire de Laval est fière d'être membre de la Corporation de la Cuisine Régionale au Québec.

Table de concertation
Agro-Alimentaire de Laval
1555, boul. Chomedey, bureau 100
Laval (Québec) H7V 1Z1
Tél : (450) 978-5959
Fax : (450) 978-5970
Courriel : sgauthier@lavaltechnopole.qc.ca

2. Association des Vignerons

M. Gilles Séguin, Président

L'association vous propose le Chemin des Vignobles, où l'on fait connaissance avec ces gens qui cultivent la vigne et nous offrent en exclusivité les fruits du terroir et de leur travail : les vins du Québec. Vous y découvrirez aussi une table régionale, de l'animation et toutes sortes d'activités.

Association des Vignerons
4042, rue Principale
Dunham (Québec) J0E 1M0
Tél/Fax : (450) 295-3383

3. FÉDÉRATION DES PRODUCTEURS ACÉRICOLES DU QUÉBEC

M. Jean-Pierre Bellegarde, agent de recherche et de communication

Fédération des producteurs acéricoles du Québec

La Fédération des producteurs acéricoles du Québec regroupe près de 10 000 acériculteurs et acéricultrices. Avec 75% de la production mondiale de sirop d'érable et 90% des exportations canadiennes, le Québec est sans conteste le leader mondial de cette industrie. Le sirop d'érable pur du Québec, produit régional par excellence, un trésor entre l'arbre et l'écorce.

Fédération des producteurs acéricoles du Québec **555, boul. Roland-Therrien** **Longueuil (Québec) J4H 3Y9** **Tél : (450) 679-0530** **Fax : (450) 679-0139** **www.maple-erable.qc.ca**	**Ouvert du lun au ven,** **8 h 30 à 16 h 30**

4. FÉDÉRATION DES PRODUCTEURS DE POMMES DU QUÉBEC

Fédération des Producteurs de Pommes du Québec

La fédération des producteurs de pommes du Québec représente les intérêts de 894 producteurs, principalement répartis dans la Vallée montérégienne, le Sud-Ouest de Montréal, Missisquoi-Estrie, les Laurentides et Québec. C'est sous l'appellation «Pommes Qualité Québec» que les producteurs mettent en marché leurs produits d'une grande qualité.

Fédération des producteurs de pommes du Québec
555, boul. Roland-Therrien
Longueuil (Québec) J4H 3Y9
Tél : (450) 679-0530
Fax : (450) 679-5595
Courriel : fppq@interlink.net

5. FÉDÉRATION DES PRODUCTEURS DE POMMES DE TERRE DU QUÉBEC

FÉDÉRATION DES PRODUCTEURS DE POMMES DE TERRE DU QUÉBEC

Syndicat professionnel voué à la défense des intérêts des producteurs de pommes de terre du Québec et à l'organisation ordonnée de la mise en marché des pommes de terres à l'état frais, de semence et de transformation-croustilles et prépelage. La fédération est active dans la recherche et le développement, l'amélioration de la qualité et la promotion des pommes de terre du Québec, fidèles compagnes des plaisirs gastronomiques.

Fédération des producteurs de pommes de terre du Québec 555, boul. Rolland-Therrien Longueuil (Québec) J4H 3Y9 Tél : (450) 679-0530 Fax : (450) 679-5595	**lun au ven de 8 h 30 à 16 h 30**

6. FÉDÉRATION DES PRODUCTEURS DE LAIT DU QUÉBEC

Fédération des producteurs de lait du Québec

Au Québec, la production de lait est l'affaire de plus de 17 000 productrices et producteurs oeuvrant dans plus de 10 200 fermes laitières à travers la province. Ces dernières sont regroupées au sein de la Fédération des producteurs de lait du Québec, organisme affilié à l'union des producteurs agricoles (UPA).

Fédération des producteurs de lait du Québec
555, boul. Roland-Therrien
Longueuil, (Québec) J4H 3Y9
Tél : (450) 679-0530
Fax : (450) 679-2859
www.lait.org

7. Les producteurs de dindons du Québec

DINDON DU QUÉBEC

Recherchez le dindon pour varier votre menu. Le filet et le haut-de-cuisse désossé sans peau font des merveilles. Apprêtés en sauce fruitée, ou avec des herbes et des épices, vous vous régalerez. Pas trop cuits et mélangés habilement aux liquides, la cuisson se termine en douceur et donne un produit moelleux et délicieux. Vos distributeurs pourront obtenir pour vous ces produits. Essayez les charcuteries de dindon, vous en serez ravis. Les marques Exceldor et Flamingo sont les marques du Québec. Le dindon du Québec bon de toutes les façons!!

Les producteurs de dindons du Québec
555, boul. Roland Therrien
Longueil (Québec) J4H 3Y9
Tél : (450) 679-0540 poste 8250
Fax : (450) 679-5375
courriel : rviau@fpvq.qc.ca

8. Le Porc du Québec

Le Porc du Québec

Les producteurs de porc du Québec ont mis des années à mettre au point une viande tendre, en tout points saine et d'une saveur que les Québécois reconnaissent et apprécient. La finesse du porc du Québec est aussi reconnue à travers le monde. Faire entrer la viande de porc dans votre cuisine, c'est vous doter d'un ingrédient plein de talent.

Le Porc du Québec
555, boul. Roland Therrien
Longueuil (Québec) J4H 3Y9
Tél : (450) 679-0540 poste 8365
Fax : (450) 679-4654
courriel : info@leporcduquebec.qc.ca
www.leporcduquebec.qc.ca

9. Fédération des producteurs de bovins du Québec

Mme Chantal Martha, agente de communication et de promotion

Les producteurs se sont dotés de fonds de promotion pour réaliser des campagnes publicitaire, mener des activités promotionnelles en magasin et produire du matériel assurant la visibilité des produits. Nos spécialités sont le veau de grain du Québec ainsi que le veau de lait du Québec.

Fédération des producteurs de bovins du Québec
555, boul. Roland-Therrien
Longueuil (Québec) J4H 3Y9
Tél : (450) 679-0530
Fax : (450) 442-9348
Courriel : fpbq@upa.qc.ca

10. Fédération des Producteurs de Volailles du Québec

Mme Monique Daigneault, agente de promotion et publicité

Fédération des producteurs de volailles du Québec

La Fédération des Producteurs de Volailles du Québec produit du matériel promotionnel et informe sur le mise en marché du poulet.

Fédération des Producteurs de Volailles du Québec
555, boul. Roland-Therrien
Longueuil (Québec) J4H 3Y9
Tél : (450) 679-0530
Fax : (450) 679-5375
Courriel :
ddaigneault@fpvq.qc.ca

11. Syndicat des producteurs de chèvres du Québec

Mme Ginette Ménard, secrétaire

Le syndicat des producteurs de chèvres du Québec a pour mission de représenter les producteurs et de développer le marché des produits et sous-produits de la chèvre. Le fromage de chèvre, sous toutes ses façons, est de plus en plus un produit vedette de nos bonnes tables régionales. Faites-vous plaisir, essayez les fromages du Québec.

Syndicat des producteurs de chèvres du Québec
555, boul. Roland Therrien
Longueuil (Québec) J4H 3Y9
Tél : (450) 679-0540 poste 8539
Fax : (450) 679-2375

12. Syndicat des producteurs de lapins du Québec

Mme Ginette Ménard, secrétaire

Le lapin du Québec

Le syndicat des producteurs de lapins du Québec veille aux intérêts des producteurs et s'assure de la production de lapins de qualité répondant aux exigences élevées des restaurateurs et des consommateurs. Le lapin du Québec, une viande festive pour les gourmets et les gourmands.

Syndicat des producteurs de lapins du Québec
555, boul. Roland Therrien
Longueuil (Québec) J4H 3Y9
Tél : (450) 679-0540 poste 8539
Fax : (450) 679-2375

1. Boucherie Capitol

M. Tony Le Donne, propriétaire
M. Jean Béhar, chef

La boucherie Capitol se spécialise dans la production de charcuterie italienne et française haute-gamme.

Boucherie Capitol **4025, boul. Lite,** **Saint-Vincent-de-Paul** **Laval (Québec) H7E 1A3** **Tél : (514) 276-1345**	**Boucherie Capitol (succ.)** **158, place du Marché du Nord,** **Marché Jean-Talon** **Montréal (Québec)** **(514) 276-1345**	**Ouvert tous les jours**

2. La Maison des Vins, Boissons Artisanales et Produits fins du Québec

M. Antonio Drouin et Mme Suzanne Bergeron, propriétaires

Vente de Vins et boissons artisanales, 20 producteurs en boutique. Vins, cidres, hydromels, boissons à l'érable et boissons aux petits fruits. Vente également aux détenteurs de permis (R.I.H.).

Nous sommes situés à proximité du Métro Pie IX, sur la rue Ontario entre PIE IX et Viau.

La Maison des Vins, Boissons artisanales et Produits fins du Québec **Marché Maisonneuve** **4445, rue Ontario Est C.P. 14** **Montréal (Québec) H1V 3V3** **Tél : (514) 255-5999** **Fax : (514) 256-5999**	**Ouvert toute l'année,** **lun, mar, mer et sam de 9 h à 18 h** **jeu, ven de 9 h à 21 h** **dim de 9 h à 17 h**

3. Allard Fruits et Légumes

M. Pierre Allard, M. Maurice Chabot, M. Bob Viel, M. Jean-Pierre Angers, propriétaires

Distributeur en gros de fruits et légumes surgelés. Spécialiste en produits frais, fruits et légumes exotiques. Prise de commande 24 heures par jour.

Allard inc.
199, 2e avenue
Québec (Québec) G1L 3A5
Tél : (418) 522-2323
Fax : (418) 529-0384

MOUSSE DE PÉTONCLES ET SAUCE AUX ENDIVES

Quantité: 4 portions - Préparation : 45 minutes
Cuisson: 40 minutes - Degré de difficulté : élevé

Préchauffer le four à 180 °C (350 °F) . . . .
Réduire les pétoncles en purée au mélangeur. Ajouter le lait et la crème. Bien mélanger . . . .
Ajouter les jaunes d'oeufs et les oeufs entiers. Mélanger jusqu'à consistance homogène. Saler et poivrer . . . .
Verser la préparation dans quatre ramequins beurrés et déposer ceux-ci dans une lèchefrite contenant de l'eau . . . .
Cuire 20 minutes . . . .
Arroser les endives d'un peu du jus des limes . . . .
Il y faire fondre le beurre dans une casserole. Y faire revenir les endives, sans laisser prendre couleur . . . .
Ajouter le jus des limes, le miel et la crème. Chauffer à feu doux 15 minutes environ, jusqu'à faible ébullition. Saler et poivrer . . . .

Carré De Caribou Sauce Au Miel et Au Gingembre

Quantité : 6 portions - Préparation : 20 minutes
Cuisson : 45 minutes - Degré de difficulté : moyen

60 ml (¼ tasse) .... d'huile
1 .... carré de caribou d'environ 1,5 kg (3 lb)
.... sel et poivre
30 ml (2 c. à soupe) .... de beurre
30 ml (2 c. à soupe) .... d'échalotes françaises hachées
125 ml (½ tasse) .... de vin rouge
1 LT. (4 tasses) .... de sauce demi-glace (du commerce)
30 ml (2 c. à soupe) .... de gingembre frais haché
60 ml (¼ tasse) .... de miel
100 ml (⅓ tasse + 5 c. à thé) .... de crème 35%

Préchauffer le four à 150 °C (300 °F)
Faire chauffer l'huile à feu vif dans un grand poêlon et y dorer le caribou environ 2 minutes de chaque côté. Saler et poivrer
Déposer le caribou dans un plat allant au four et cuire 30 minutes selon le degré de cuisson désiré
Découper le carré de caribou en côtelettes
Réserver au chaud
Faire fondre le beurre dans un poêlon et y faire revenir les échalotes de 2 à 3 minutes
Ajouter le vin rouge et laisser réduire de moitié à feu vif
Ajouter la sauce demi-glace et amener à ébullition
Pendant ce temps, dans une casserole d'eau bouillante, blanchir le gingembre environ 1 minute
Égoutter
Ajouter le gingembre à la sauce
Réduire la chaleur et ajouter le miel
Saler et poivrer
Incorporer la crème et réchauffer
Napper les côtelettes de caribou de sauce
Servir aussitôt

Rôti de Veau de Grain à l'Érable

Portions : 4 - Cuisson : 60 minutes - Préparation : 15 minutes

1 (environ 1 kg ou 2 1/4lb) .... rôti de veau de grain dans le cuisseau
15ml (1 c. à table) .... huile
1 .... oignon moyen haché
2 .... carottes râpées
75ml (1/3 tasse) .... sirop d'érable
75ml (1/3 tasse) .... jus d'orange
.... sel et poivre au goût

Dans une casserole, faire revenir le rôti de veau de grain dans l'huile. ....

Ajouter l'oignon, les carottes, le sirop d'érable, le jus d'orange, le sel et le poivre

Couvrir et cuire à feu doux 60 minutes ....

Retirer le rôti et le trancher ....

Laisser réduire de moitié la sauce et la passer au tamis avant de servir avec le rôti

- INDEX DES RECETTES -

LA CUISINE RÉGIONALE AU QUÉBEC... UNE FAÇON DÉ GOÛTER LE QUÉBEC

Le souci de développer une cuisine propre à son territoire n'avait rien de nouveau sur le plan touristique au Québec. On notait cependant un manque de concertation entre les divers partenaires en cause quant au meilleur moyen de faire connaître les produits bioalimentaires régionaux et locaux. En effet, plusieurs chefs, restaurateurs et hôteliers connaissaient mal certains produits de leur région, et ignoraient jusqu'à l'existence de certains autres, voire même des sources possibles d'approvisionnement.

C'est à la suite d'une initiative de la Société des chefs, cuisiniers et pâtissiers de la province de Québec que le concept de la cuisine régionale au Québec a vu le jour, en septembre 1988. Et depuis août 1993, la démarche qui en a résulté est gérée par la Corporation de «La cuisine régionale au Québec» (CCRQ), un organisme de concertation et de promotion des cuisines régionales qui privilégie l'utilisation des produits bioalimentaires régionaux et québécois dans les réseaux hôtels-restaurants-institutions. La CCRQ développe par ailleurs des attraits agrotouristiques au sein des réseaux culturels et touristiques.

L'objectif Premier de la CCRQ est de favoriser la concertation et la communication entre les milieux de l'hôtellerie, de la restauration et des institutions d'une part, et les partenaires des secteurs bioalimentaire et touristique de l'autre. Elle vise en outre à stimuler la croissance économique au Québec en promouvant l'essor de ses 18 régions touristiques par l'implantation d'une cuisine régionale reposant sur l'utilisation des produits bioalimentaires régionaux et québécois.

Pour atteindre ces objectifs, la CCRQ incite les chefs, les hôteliers et les restaurateurs à offrir à leur clientèle des menus ou des spécialités axés sur les produits bioalimentaires de leur région. Il s'avère dès lors essentiel d'encourager les producteurs, les transformateurs et les distributeurs à améliorer les produits existants, à créer et à développer de nouveaux produits conformes aux besoins des hôteliers, des restaurateurs et des institutions, et à en faciliter la distribution.

La CCRQ encourage enfin les chefs de file de l'industrie à modifier certaines de leurs habitudes de consommation qui, par voie de conséquence, influencent celles de leurs clients. Elle exhorte de plus les critiques gastronomiques, les journalistes gastronomiques, les chefs cuisiniers des grands hôtels et les organisateurs de congrès professionnels à communiquer avec ses responsables, soit pour valider leurs menus promotionnels et les appellations de mets et de produits, soit pour obtenir des renseignements relatifs à l'approvisionnement, soit pour obtenir des propositions de produits de remplacement afin de mieux mettre en évidence les denrées du Québec.

QUI PEUT ADHÉRER À LA CORPORATION ?

- Les producteurs, les transformateurs et les distributeurs qui vendent, transforment ou distribuent principalement des produits agricoles et marins québécois.

- Les restaurateurs, les restaurateurs-aubergistes et les restaurateurs-hôteliers qui offrent un menu dont les mets sont principalement composés à partir de produits du Québec, y compris des produits de la région. Les appellations utilisées dans les menus doivent en outre être représentatives des spécificités régionales.

Pour obtenir de l'information ou un formulaire d'adhésion, vous pouvez communiquer avec la Corporation de «La cuisine régionale au Québec» au (514) 282-5167.

LA CUISINE
RÉGIONALE
AU QUÉBEC

SIGNIFICATION DE NOTRE LOGO

- Nous avons retenu une représentation stylisée du Québec intégrant douze triangles, soit un pour chacune de ses régions agricoles.
- La forme triangulaire suggère la triple provenance des produits bioalimentaires : l'eau, la terre et l'air.
- La disposition des triangles forme une pointe de flèche illustrant le mouvement dynamique de notre implantation.
- Les couleurs bleu et or symbolisent la recherche de l'excellence et rappellent le Québec et la Société des chefs, cuisiniers et pâtissiers de la province de Québec.

BON DE COMMANDE

GUIDES DE VOYAGE ULYSSE

☐ Abitibi-Témiscamingue et Grand Nord	22,95 $
☐ Arizona et Grand Canyon	24,95 $
☐ Bahamas	24,95 $
☐ Belize	16,95 $
☐ Boston	17,95 $
☐ Calgary	16,95 $
☐ Californie	29,95 $
☐ Canada	29,95 $
☐ Charlevoix Saguenay – Lac-Saint-Jean	22,95 $
☐ Chicago	19,95 $
☐ Chili	27,95 $
☐ Colombie	29,95 $
☐ Costa Rica	27,95 $
☐ Côte-Nord – Duplessis – Manicouagan	22,95 $
☐ Cuba	24,95 $
☐ Cuisine régionale au Québec	16,95 $
☐ Disney World	19,95 $
☐ El Salvador	22,95 $
☐ Équateur – Îles Galápagos	24,95 $
☐ Floride	29,95 $
☐ Gaspésie – Bas-Saint-Laurent Îles-de-la-Madeleine	22,95 $
☐ Gîtes du Passant au Québec	13,95 $
☐ Guadeloupe	24,95 $
☐ Guatemala	24,95 $
☐ Honduras	24,95 $
☐ Hôtels et bonnes tables au Québec	17,95 $
☐ Jamaïque	24,95 $
☐ La Nouvelle-Orléans	17,95 $
☐ Lisbonne	18,95 $
☐ Louisiane	29,95 $
☐ Martinique	24,95 $
☐ Miami	18,95 $
☐ Montréal	19,95 $
☐ New York	19,95 $
☐ Nicaragua	24,95 $
☐ Nouvelle-Angleterre	29,95 $
☐ Ontario	27,95 $
☐ Ottawa	16,95 $
☐ Ouest canadien	29,95 $
☐ Panamá	24,95 $
☐ Pérou	27,95 $
☐ Plages du Maine	12,95 $
☐ Portugal	24,95 $
☐ Provence – Côte-d'Azur	29,95 $
☐ Provinces Atlantiques du Canada	24,95 $
☐ Puerto Rico	24,95 $
☐ Le Québec	29,95 $
☐ Le Québec et l'Ontario de VIA	9,95 $
☐ République dominicaine	24,95 $
☐ San Francisco	17,95 $
☐ Toronto	18,95 $
☐ Vancouver	17,95 $
☐ Venezuela	29,95 $
☐ Ville de Québec	17,95 $
☐ Washington D.C.	18,95 $

ULYSSE PLEIN SUD

☐ Acapulco	14,95 $
☐ Cancún – Cozumel	17,95 $
☐ Cape Cod – Nantucket	17,95 $
☐ Carthagène (Colombie)	12,95 $
☐ Puerto Vallarta	14,95 $
☐ Saint-Martin – Saint-Barthélemy	16,95 $

ESPACES VERTS

☐ Cyclotourisme en France	22,95 $
☐ Motoneige au Québec	19,95 $
☐ Randonnée pédestre Montréal et environs	19,95 $
☐ Randonnée pédestre Nord-est des États-Unis	19,95 $
☐ Randonnée pédestre au Québec	22,95 $
☐ Ski de fond au Québec	22,95 $

GUIDES DE CONVERSATION

☐ L'Anglais pour mieux voyager en Amérique 9,95 $

☐ Le Québécois pour mieux voyager 9,95 $

☐ L'Espagnol pour mieux voyager en Amérique latine 9,95

JOURNAUX DE VOYAGE ULYSSE

☐ Journal de voyage Ulysse (spirale) bleu – vert – rouge ou jaune 11,95 $

☐ Journal de voyage Ulysse (format de poche) bleu – vert – rouge – jaune ou «sextant» 9,95 $

Budget • zone

☐ •zone Amérique centrale 14,95 $

☐ •zone le Québec 14,95 $

TITRE	QUANTITÉ	PRIX	TOTAL
		Total partiel	
		Poste-Canada*	4,00 $
		Total partiel	
		T.P.S. 7%	
		TOTAL	

Nom ______________________________

Adresse ______________________________

____

____

Paiement : ☐ Comptant ☐ Visa ☐ MasterCard

Numéro de carte ______________________________

Signature ______________________________

ÉDITIONS ULYSSE

4176, rue Saint-Denis, Montréal (Québec)

☎ (514) 843-9447, fax (514) 843-9448, H2W 2M5

Pour l'Europe, s'adresser aux distributeurs, voir liste p 2.

* Pour l'étranger, compter 15 $ de frais d'envoi.